中国公共投资效率研究

殷 强 著

经 济 科 学 出 版 社

图书在版编目（CIP）数据

中国公共投资效率研究/殷强著. —北京：经济科学出版社，2008.1

ISBN 978-7-5058-6833-5

Ⅰ. 中… Ⅱ. 殷… Ⅲ. 投资-研究-中国 Ⅳ. F832.48

中国版本图书馆 CIP 数据核字（2007）第 205828 号

序

《中国公共投资效率研究》一书是殷强在其博士论文基础上修改完成的，我作为他的博士生导师，应邀欣然为其作序，以示庆贺。

一、选题的意义

研究公共投资效率问题，首先需要明确什么是公共投资？它包括哪些范围？公共投资，通常是指政府投资，它同非政府投资相对应。

政府投资，从资金来源来看，也有宽窄口径的不同。窄口径的政府投资，是指预算内投资；宽口径的政府投资，除预算内投资外，还应包括用预算外及制度外资金进行的投资，即凡是用政府资金进行的投资都属于政府投资。另外，投资概念也有宽窄口径之分。广义的投资，包括实物投资和金融投资，其中实物投资又包括固定资产投资和流动资产投资；狭义的投资，是单指固定资产投资。就财政支出而论，有的把整个财政支出都看作是投资，比如，把教育支出等同于教育投资；窄口径，则仅把教育支出中用于学校的校舍和大型仪器设备等固定资产方面的支出称作教育投资。本书所讲的投资概念，是指固定资产投资，其中的公共投资或政府投资，是指在国家预算内资金投资的基础上再加上预算外的固定资产投资部分。按这一口径，计划经济时期，在全社会固定资产投资中，政府投资占绝大部分，而到了2005年，这一比重仅为5%。那么，这是否意味着研究中国公共投资效率问题意义不重要呢？显然不是。这主要应从以下两方面来分析。

首先，从公共投资的性质和特征来看，公共投资提供的产品属于公共产品范畴，它不同于非政府投资所形成的私人产品性质。公共产品具有非排他性和非竞争性特征，适于由政府来提供，但其效益通常会低于由市场通过竞争提供的私人产品的效益。本书认为“公共投资应该主要投入到具有纯公共产品、外部效应和自然垄断性质的范围，具体应包括：基础设施、资源开发和环境保护、教育、科学文化卫生、社会秩序维护等”。显然，投入到这些领域的投资具有特殊性，同投资于竞争性项目相比，通常效益和效率比较低，也难以衡量，因此，研究提高公共投资效率的计量方法、指标体系和制度建设等问题，是非常有意义的。

其次，从公共投资效率在整个财政支出效率中的地位来看，公共投资效率处于关键地位，对提高和改革绩效预算有重要意义。从财政预算的构成来看，可以分为两部分：项目投资支出和经费支出，前者属于投资性支出，最终形成固定资产；后者属于消费性支出，最终被消费掉。目前我国财政支出规模不断扩大，增长迅速，如何提高财政支出效益和效率是个重要问题，现正在探索和推广绩效预算的评价与改革。很明显，由于公共投资是整个财政支出的重要组成部分并在其中占有重要地位，并且其效率评价较经费支出效率评价要容易些，因此，研究公共投资效率问题对提高整个财政支出效率，进而对提高政府效率，实现政府转型改革具有重要意义。

二、提高公共投资效率的关键是加强制度建设

作者通过对中国公共投资宏观和微观效率的研究，得出的结论是：公共投资的产出效率低于非政府投资的产出效率；中国的公共投资配置效率系数低于 Jeffrey Wurgler 考察的 65 个国家的平均配置效率系数；在微观上，公共投资存在 X 低效率问题。

书中对我国公共投资低效率的成因进行了多角度分析，认为，其中根本原因是存在制度缺陷。作者运用制度经济学理论，从制度变迁的路径依赖、公共选择和委托代理等方面进行了深入分析。

在制度变迁方面，经过 50 多年的制度发展，正逐渐形成由公共投资体制和民间投资体制组成的多元化投资体制，但公共投资体制仍然对高度集中的投资体制存在路径依赖，表现在：第一，在投融资上，虽然扩大了地方政府和部门行政事业单位的投资自主权，但融资权力仍由中央政府集中；第二，投资决策权力集中于政府部门，运用公共选择手段不足，对社会公共需求考虑不够；第三，投资效果的评审权力集中于政府部门，社会成员影响投资效果的能力有限。这些路径依赖，必然造成投资效率损失。

在公共选择方面，存在以下问题：(1) 我国社会成员的偏好显示制度不发达、不健全，下情上达的渠道不多，也不畅通，使公共决策和公共投资的效率低下。(2) 在公共选择的规则上，存在操纵规则、信息不对称等问题，使公共决策和公共投资受控于决策部门。(3) 我国公共选择中存在利益集团问题，使公共投资可能过于偏向满足强势利益集团的公共需求，而忽视弱势群体的公共需求。

在委托代理方面，公共投资中，由于代理层次较多，初始委托人对最终代理人的监控能力较弱，而中间委托人同时也是代理人，如果缺乏有效的监督，他们不仅不努力行使监督权，甚至会与下级代理人合谋违背委托人的利益。这就造成各级代理人（有些同时是委托人）都在追求自身利益最大化，几乎没人考虑初始委托人的利益、考虑公共投资的效果。所以，如果缺乏有效的约束激励机制，公共投资低效率就成为必然。

在该书中，作者针对我国公共投资在制度方面存在的问题，提出了加强制度建设的政策建议，主要有：改革选举制度，增强社会公众显示需求偏好的能力；改革公共投资决策制度，使公共投资的决策权回归社会公众；建立公共投资信息公开制度，加强公众监督；建立公共投资绩效评价制度，构建激励约束机制；引入竞争机制，提高公共投资执行阶段的效率；加强公共投资中的程序建设，保障制度的执行；等等。应当说，这些建议，针对性强，颇有见地，对实际工作有参考价值。

三、注重计量分析

在对现代经济问题的研究中，运用计量分析方法非常必要，也很重要。它可以对定性分析的结论进行验证，使其更加科学、准确。本书是对公共投资的效率问题进行研究，就更离不开计量分析方法，作者十分重视这一问题，广泛运用计量工具，尤其是将资本配置效率模型引入公共投资配置效率的分析。对公共投资效率的研究，传统的分析主要是运用定性的方法分析其规模的适度性和结构的合理性，本书借鉴前人的研究，运用生产函数法分析了产出效率和规模效率。对于结构效率的分析，本书引入了Jeffrey Wurgler在金融市场领域中研究资本配置效率的模型，运用面板数据模型，分析公共投资在各行业的增长与各行业产值增长的弹性关系，进而说明公共投资配置的结构效率。

总之，本书对中国公共投资的效率研究，具有一定的深度和开拓性。不足之处是，对我国公共投资的规模和结构的合理性及其数量界限，尚需进一步研究。

安体富

2008年2月15日

于北京世纪城

摘　要

1998 年实施积极的财政政策以来，我国财政支出规模快速扩大，用于基础设施等公共物品方面的公共投资规模也逐年增加。1998 ~2005 年，来自财政预算内的固定资产投资平均每年增长达 27.38%。在公共投资规模不断扩大的同时，关于“形象工程”、“豆腐渣工程”的报道也常见诸于报端，公共投资的效率问题凸现。关系到社会民生的公共投资项目尤其受到公众的关注，人们不仅关注公共投资对社会产生的效果，也开始关注公共投资过程中的成本、效率。本文的研究重在分析我国公共投资的宏观和微观效率，寻找公共投资产生效率问题的原因，并探讨提高公共投资效率的对策。

党的十六届六中全会提出了到 2020 年构建社会主义和谐社会的九大目标和任务，其中要求：“基本公共服务体系更加完备，政府管理和服务水平有较大提高。”这一要求既需要政府调整提供公共服务（物品）的结构，又要求政府提高工作效率。在此背景下，本文的研究至少在两个方面具有重要意义。

第一，公共投资效率研究可以为我国构建“和谐社会”增添理论依据。我国公共投资宏观效率、微观效率都不高，表面上看决策失误、寻租、浪费是造成低效率的原因，但根本上的原因还应归结于制度的不健全。公共投资是为社会公众提供公共物品的，但在公共投资中社会公众缺少表达需求偏好的渠道，决策者的决策很容易脱离社会公众，并且公众基本上不能对公共投资进行有效监督，实际上是公民权利的丧失，是不利于社会和谐的一种表现。

构建和谐社会，根本上要以“民主法治、公平正义”的制度保障公民权利，才能使社会安定有序、充满活力。公共投资的效率研究分析了我国公共投资过程中公民权利丧失问题，研究了保障公民权利可以提高公共投资效率，为构建和谐社会增加了理论依据。

第二，公共投资效率研究可以为政府部门改革探索道路。在新公共管理运动的国际背景下，和构建和谐社会的国内环境中，我国正在进行旨在提高政府效率的政府转型改革。绩效预算是提高政府效率的重要改革，但我国尚不具备全面推行绩效预算改革的条件，还需要在某些方面进行改革试点，积累改革经验。公共投资绩效评价制度是建立激励约束机制，提高公共投资效率的一个重要方法，也是绩效预算的重要组成部分，研究以项目评价为主的公共投资绩效评价体系，可以为我国推广绩效预算改革、提高政府效率探索道路。

文章分六个部分分析我国公共投资的效率、原因及对策。

第1章界定了投资和公共投资及效率的概念。我国对投资的理解经过了基本建设投资、固定资产投资两个概念，现在对投资的理解同西方相似，包括实物投资和金融投资两种，本书的研究对象是实物投资。广义上讲，提供公共物品的所有投资都是公共投资，可以由政府提供也可以由民间提供。民间提供公共物品的投资与其投资于竞争行业并无不同，都以追逐利润为目的，本书认为可以不作为公共投资的研究对象。本书研究的公共投资界定为：由政府提供的、用于提供公共物品的、最终形成固定资产的投资。文章从宏观和微观角度来分析公共投资效率。宏观上，公共投资效率就是以最小的成本最大程度上满足社会公共需求，可以用产出效率和配置效率（包括规模效率和结构效率）来衡量；微观上，公共投资效率体现在具体的投资项目的效率上，以成本效益法和X效率来分析。

第2章分析公共投资的宏观产出效率，以公共投资和国民经济增长之间的关系来衡量。运用IS－LM模型分析公共投资对国民经济的影响，发现公共投资对私人投资具有挤出效应。文章再应用生产函数法，引入公共投资、非政府投资、经济增长水平（GDP）、劳动力四个变量，实证分析公共投资和非政府投资对经济增长的贡献（产出弹性），结果表明我国公共投资对经济增长存在显著的促进作用，但其产出弹性小于非政府投资的产出弹性，即公共投资的产出效率低于非政府投资的产出效率。所以，公共投资的挤出效应会带来全社会投资产出效率的损失。

第3章分析公共投资的宏观配置效率。宏观配置效率可以从规模效率和结构效率两方面来分析。公共投资经常处于适度规模中，但达到最优规模才是最有效率的。多数学者用公共投资占GDP的比重来分析最优投资规模。借鉴巴罗（Barro）为分析财政支出最优规模，以政府支出为中心建立的内生增长模型，本书用公共投资替换巴罗模型中的财政支出。实证分析结果表明，现阶段我国公共投资的最优规模是公共投资占GDP的7.68%，而2005年这一比率的只为2.44%，没有达到最优规模。说明我国经济处于快速发展阶段，社会公众对公共物品的需求较大，但我国公共投资尚存在规模不足的低效率。对公共投资结构效率的分析，本书引入Jeffrey Wurgler（2000）研究资本配置效率的模型。Jeffrey Wurgler在研究金融市场中的资本配置效率时提出，资本配置效率的提高意味着在高资本回报率的行业（项目）内继续追加投资，在低资本回报率的行业（项目）内适时撤出资本。可以用资本对于行业（长期）盈利能力的敏感性，作为衡量社会资本配置效率的主要指标。本书将公共投资引入该模型，利用可查到的数据，用大口径和中口径公共投资在行业间的分配相对于各行业增加值的敏感性，来衡量公共投资的配置效率。实证分析结果表明，大、中口径公共投资的配置效率系数分别为0.3008和0.1647，低于Jeffrey Wurgler考察的65个国家0.429的平均配置效率系数。

第4章分析公共投资的微观效率。在微观上，公共投资存在X低效率问题，即存在一些与价格、市场和资源配置无关的低效率。

比如，同样的资产同时投入同样的行业，由不同的两批人去组织生产，可能会出现不同的生产结果。因为“人”的不同可能会产生不同的效率。微观上，评价公共投资项目的效率可以运用成本效益分析法等方法，在投资前或投资后对公共投资项目的投资效果进行分析，本章考察了一个实际案例，发现我国在运用成本效益法分析公共投资项目的效率时，考虑因素仍然较少，并不能全面衡量公共投资项目的成本和效益。

第5章运用制度经济学原理，从制度上寻找我国公共投资低效率的原因。经过50多年的制度发展，我国逐渐形成公共投资的管理理念，但公共投资体制仍然对高度集中的传统投资体制存在路径依赖。这些路径依赖使政府部门愿意掌握集中的权力，从而使社会成员对公共投资的参与度不够，公共投资不能有效反映社会公共需求，造成投资效率损失。公共投资不能有效反映社会公共需求，是公共投资宏观效率的最大损失，主要的原因在于我国公共投资中存在的公共选择问题，使社会公众缺乏参与公共投资的渠道，公民的利益偏好不能有效向政府部门表达。微观上的效率损失主要源于公共投资中的委托代理问题。公共投资从决策到执行存在着多层委托代理关系，其中政府同时扮演“代理人”和“委托人”的角色，使道德风险发生的概率较高。由于缺乏激励约束机制，公共投资的代理人不承担公共投资失败的责任，也没有追求投资效率的动力，是造成决策执行中公共投资低效率的主要原因。

第6章研究了提高公共投资效率的对策。改革选举制度，增强社会公众显示需求偏好的能力；改革公共投资决策制度，使公共投资的决策权回归社会公众；建立公共投资信息公开制度，加强公众监督，都是以满足社会公共需求为目标进行的制度调整，使公共投资的决策和执行能够更贴近社会公众，决策者也能够更容易地掌握社会公众的实际需求。公共投资中代理问题严重的主要原因在于缺乏激励约束机制，代理人可以不负责任。对公共投资进行绩效评价是解决代理问题的一个方法。建立公共投资绩效评价制度，不仅仅是建立一个公共投资后评价的指标体系，而是对公共投资的决策、执行、效果进行全面评价，并且在制度上建立奖惩办法，构建公共投资过程中的激励约束机制。在公共投资工程施工阶段引入竞争，可以减少政府部门寻租的机会，也给了社会公众直接比较、评价公共投资效果的渠道。加强制度建设是提高公共投资效率的重要手段，加强程序建设则是制度能够有效发挥作用的保障。加强公共投资活动中的程序建设，可以减少政府行政行为的随意性，增强制度的稳定性。本书探讨了建立“公共投资程序规范”，以程序规范公共投资行为。

本书在对我国公共投资的效率研究中大量运用了经济学、计量经济学、新制度经济学及法学方面的知识，采用了定性和定量相结合、规范与实证相结合理论和实践相结合的方法。在借鉴前人研究的基础上，本书努力寻求研究中的突破，主要的创新有三个方面：

(1) 在研究方法上，运用计量工具，尤其是将资本配置效率模型引入公共投资配置效率的分析。对公共投资效率传统的分析主要是运用定性的方法分析其规模的适度性和结构的合理性，本书借鉴前人研究运用生产函数法分析了产出效率和规模效率。对于结构效率的分析，本书引入了 Jeffrey Wurgler 在金融市场领域中研究资本配置效率的模型，运用面板数据模型，分析公共投资在行业的增长同行业产值增长的弹性关系，进而说明公共投资配置的结构效率。

(2) 在研究角度上，从制度经济学的角度分析公共投资产生效率问题的原因。现有对公共投资效率问题的分析多是从财政资金分配的角度，分析资金使用的不合理。本书运用制度经济学的知识，分析了公共投资效率问题的根源。官僚主义的公共投资体制是因为对传统投资体制的制度依赖；公共投资不能有效满足社会需求，原因在于我国的公共选择问题使社会公众不能有效参与到公共投资中；决策执行中的效率损失，是因为我国公共投资过程中的多层委托代理关系，并且缺乏激励约束机制，使代理问题泛滥。

(3) 在研究内容上，提出以程序建设维护公共投资制度的执行。公共投资的效率问题产生的根源在于制度问题，加强制度建设是提高效率的有效途径，但需要保障制度的执行，制度才能发挥作用。我国经常存在“有法不依、执法不严”的现象，为使提高公共投资效率的制度安排能够发挥作用，应该加强对行政程序的立法，从程序上要求政府部门（公务员）必须执行相关制度，并且要承担法律责任。鉴于我国《行政程序法》的立法尚需时间，本书建议先在公共投资领域中专门设置法律级次较低的“公共投资程序规范”，并尝试设计了规范内容。

由于水平有限、资源有限，本书的研究还存在一些不足：限于掌握案例较少，对公共投资微观效率的研究尚需深入；掌握的计量分析工具不足，分析中只运用了Eviews软件；对公共投资的程序建设也只是处在设想阶段，尚需要进一步研究。

关键词： 公共投资　效率　制度　程序

Abstract

The central government has followed a proactive fiscal policy since 1998, the scale of fiscal spending in China has been expanded rapidly, in which the public investment in the public facilities such as infrastructure has also been expanded year by year. The average increase in fixed asset investment per year included in the fiscal budget reached 30 percent from 1998 to 2005. Meanwhile, such reports as "image project" and "Bean waste project" emerged in the media sometimes. The problem of public investment efficiency comes to stay in the limelight. The public investment projects related to the social development and people's lives has become their vital interests. As to the public investment, the public not only concern its effects on the society, and also begin to pay attention to the cost, efficiency in its process. My dissertation is mainly concerned with the following aspects: the analysis of the macro and micro efficiency of China's public investment; seeking for the reason of the efficiency problem, and exploring the solution of improving the public investment efficiency.

In the 6th Plenary Session of the Sixteenth Central Committee of the Communist Party of China, nine targets and tasks has been put forward in building the harmonious society by 2020, which includes that: the basic public service system will be more consummate, the level of government management and services will be promoted largely. This requirement both needs the government to adjust the structure, and requires the government to improve its efficiency. In this background, my dissertation shows great significance at least in two aspects.

First, the research on the public investment efficiency provides the theoretical basis for the building of China's harmonious society.

Generally the macro and micro efficiency of public investment in China is not very high. On the surface, policy-making fault, rent seeking and waste is the crux of low efficiency, but getting to the bottom of the matter, I think the system incomplete is the important reason. The public investment aims to provide the society general with the public facilities, but the public general lack the channel of expressing their demand liking. So decision makers are likely to depart from the demand of the public general, and the public cannot make the effective supervision on the public investment basically. In fact it is the loss of civil rights, which is not conducive to the social harmony.

To build the harmonious society, it requires ensuring the civil rights by the system with "democratic government by law, the fair justice". Under such condition, the society is possibly stable and orderly and full of energy. The research on the public investment efficiency analyzes the problem of the loss of civil rights during the process. The guarantee of the civil rights can improve the public investment efficiency, which offers the theoretical basis for building the harmonious society.

Second, the research can explore the appropriate path for the reform of the government departments.

Against the international background of the New Public Management campaign, and the environment of building the harmonious society, China is carrying out the reform of the government transformation committed to improve the government efficiency. Performance budget is an important measure of the improving the government efficiency. But nowadays China does not possess the conditions of carrying out the overall reform, we still need to launch the pilot project in some aspects first and summarize and acquire the experiences gradually. Public investment performance appraisal is an important method of building the drive and restraint mechanism and the vital part of the performance budget. The research on the public investment achievement appraisal system that is mainly concerned with the project appraisal can promote the reform of the performance budget and explore the appropriate path for improving the government efficiency.

This dissertation is divided into six chapters to analyze the efficiency, reason and solutions of China's public investments.

In the first chapter, I define the investment, the public investment and its efficiency. In the course of the definition evolution, China has experiences the two conceptions of infrastructure investment and fixed assets investment. Up to now the understanding of investment is very similar with the western countries including the real assets investment and financial assets investment. The research object of my dissertation is the real assets investment. In the broad sense, all investments providing the public goods is called the public investment, which can be provided by the government and the non-governmental organizations. Like their investment in the competitive industry, the latter aims to seeking for the profit. So I think it should not be classified into the public investment. Therefore, in my definition, the public investment is defined as investment provided by the government, investing in the public goods, forming the fixed assets finally. I make the analysis of the public investment efficiency from the macro and micro perspectives. From the macro aspects, the public investment efficiency is measured by the satisfaction the social demand to the largest extent at the lowest cost by the index of the production efficiency and allocation efficiency (including scale efficiency and structure efficiency); from the micro aspect, the public investment efficiency is expressed by the concrete investment project, measured by the cost-benefit analysis and X efficiency.

In the second chapter, I analyze the macro production efficiency of the public investment, measured by the relation between the public investment and domestic economy. I employ the IS-LM model to analyze the effects of the public investment on the economy, finding that public investment had the crowding out effects on private investment. Then I use the production function, introducing such four variables as the public investment, non-governmental investment, GDP, labor into the model, and make an empirical analysis of the contribution of public investment and non-governmental investment to the GDP (production elasticity). It shows that the public investment has played a significant promoting function on the GDP, but its production elasticity is less than the non-governmental investment. That is to say, its production efficiency is lower than the non-governmental investment. Therefore, the crowding out effect of the public investment leads to the decrease of the overall investment production efficiency.

In the third chapter, I analyze the macro allocation efficiency of the public investment from the two aspects of scale efficiency and structure efficiency. Generally, the public investment often in the spectrum of appropriate scale, but only in the optimum scale, is it most efficient. Most academicians analyze the optimum investment scale by the weight of public investment to GDP. In my research, I would like to take Barro's experience. In order to analyze the optimum scale of the fiscal expenditure, he took government expenditure at the core to build the internal growth model; in my dissertation, I employ the public investment to substitute the fiscal expenditure. The result of the empirical analysis shows that in the present phase, the optimum public investment scale is 7.68% to GDP. While in 2005, this proportion is only 2.44%, not reaching the optimum yet. It signs that China's economy is in the phase of fast growing, demand of the public facility from the social general is relatively high, but the public investment in China is very low efficiency. As to the structure efficiency, I employ Jeffrey Wurgler's (2000) model designed for the research of capital allocation efficiency. When he make the research of the capital allocation efficiency of the capital market, Jeffrey Wurgler put forward that the improvement of the capital allocation efficiency means that the investors need to continue adding money to the original investment in the high capital return industry (project) and withdraw funds from the low capital return industry (project) timely. I would like to measure the social capital allocation efficiency by the index of the sensitivity of the capital to the ability of making profit in the industry (long term). I introduce the public investment to the model, make use of the data available, and measure the allocation efficiency by the index of the sensitivity of the distribution of the large caliber and medium caliber public investment in industries to the added value of each industry. The result of the empirical analysis shows that the coefficient of the allocation efficiency of the large and medium caliber investment is 0.3008 and 0.1647 respectively, lower than the average allocation efficiency coefficient, which is 0.429 acquired from Jeffrey Wurgler's research sample composed of the 65 countries.

In the fourth chapter, I analyze the micro efficient of the public investment. From the micro aspect, there exists the problem of X low efficiency. That is to say, there exists some low efficiency irrelevant to the price, market and resource allocation. For example, the same asset, investing into the same industry at the same time, which is manufactured by the two different groups of people, is likely to lead to different production results. Because of the different "people", they maybe create the different efficiency. In the micro aspect, we can employ the cost-and-profit method to appraise the efficiency of the public investment projects to make the track analysis on the effects of the public investment before and after the investments. In this chapter, through a case study, I conclude that when we employ the cost and profit method to analyze the efficiency of the public investment projects, the factors taken into account are still not enough, which can not measure the cost and profit of the public investment project comprehensively.

In the fifth chapter, making use of the principle of institutional economics, I seek for the reasons of low efficiency from the system. Through the systematic development in the past 50 years, the conception of public investment is formed gradually. But there exists the path reliance to the traditional investment mechanism which is highly concentrated. Such reliance makes the government willing to grasp the concentrate right. No doubt what the direct result is that the social general doesn't take part in the public investment actively. So the public investment can not reflect the public demands effectively. Further, it leads to the loss of the investment efficiency. The above is the largest loss mainly because the problem of public choice exists in China's public investment, which makes the social general lack the channel of taking part in public investment. The public interest liking can not be reflected to the government effectively. The micro efficiency loss is mainly resulted from the principal-agent problem in the public investment. There are multi-level principal-agent relations from the decision making and the implementation, in which the government is playing both roles of the principal and agent at the same time, which leads to the high probability of moral hazard. Because of the shortage of the drive and restraint mechanism, the agent is not responsible for the failure of public investment, and no momentum of seeking for the investment efficiency, which is the main reason explaining the low efficiency.

In the sixth chapter, I explore the solution for improving the public investment efficiency. Reforming the election system enhances the ability of social general expressing their demand liking; reforming the decision making system in the public investment returns the right of decision making to the social general, and building the system of public information transparency and strengthening the public supervision system is an system adjustment aiming to satisfy the social demand, helping the decision making and implementation much closer to the public. At the same time, the policy maker is much easier to grasp the actual demand of the social general. The agency problem is very serious mainly because of the lack of the drive and restraint mechanism which makes the decision maker free of the responsibility. Building the achievement appraisal of the public investment, the best way to solve the agency problem, needs to not only create the index system, but also make the comprehensive appraisal of the decision-making, implementation and effects, meanwhile, build up the rewards and penalties system and the drive and restraint mechanism in the process of the public investment. Introducing the competition in the phase of construction of the public investment project, it can reduce the opportunity of rent seeking, and the public is endowed with the channel to compare and appraise the public investment effects directly. Strengthening the system building is the important measure of improving the public investment efficiency, while reinforcing the procedure building is the guarantee of system playing its important role, reducing the random of government administration activity and enhance its stability. I explore the creation of "regulations of the public investment procedure", employing the procedure to standardize the public investment activity.

In my dissertation, I make full use the principle of economics, econometrics, institutional economics and laws, and carry out my research by combining the qualitative and quantitative analysis, norms and empirical analysis, and theoretical and practical analysis. On the basis of the past findings acquired by the academicians, I make efforts to seek for the breakthrough in this field. In the summary, I think I make the innovation in the following three aspects:

First, on the research methodology, I make full use of the econometrics tools skillfully in my study, especially introducing the model of capital allocation efficiency to the analysis of public investment efficiency. In the tradition research, the qualitative analysis is mainly used to definite if the scale is appropriate and the structure is reasonable. Absorbing the experience of the past research, I apply the production function to analyze the production efficiency and scale efficiency. As to the analysis of the structure analysis, I introduce the model of capital allocation used by Jeffrey Wurgler and the panel data model to my research, and make the analysis on the elastic relation between the public investment and the industry production, and then explain the structure efficiency of the public investment allocation.

Second, from the research angle, I seek for the reasons of the investment efficiency from the perspective of institutional economics. Normally, the present research is carried out from the angle of fiscal funds allocation to analyze if it is irrational for the employment of the funds. While I use the knowledge of the institutional economics, analyze the fundamental reason of the problem of public investment efficiency. Bureaucracy exists in the public investment system partly because it relies to the traditional investment system; it can not satisfy the social demand mainly because that the problem of public choice in China makes the public have no channel to take part in the public investment effectively; the loss in efficiency in the implementation of the public investment is resulted from the multi level principal-agent problem in the whole process and lake of the drive and restraint mechanism, all of the above finally leads to the problems unchecked.

Third, on the content, I put forward that building of the procedure support the implementation of the system of the public investment. The origin of the efficiency problem lies in the system incomplete. Strengthening the system construction is the effective way to improve the efficiency. But it is possible for the system to play its function properly under the precondition of the strict implementation of the system. In China, there are such phenomenon as "not in accordance with the law, and not enforce the law strictly" . In order to ensure that the system arrangement play its role, we should make greater effort to the legislation of the administration procedure requiring that the government department (civil servants) must implement the relevant regulations strictly, and take the legal responsibility. Because it takes time to legislate the "laws of the administration procedure", I suggest that we should specially design the "regulations of the public investment procedure" which is classified into the relatively lower legal level. And I tried to design the content of the regulation in my dissertation.

Owing to the limitation of my ability and resource, I am keenly aware that a few shortcomings remain in my dissertation: restrained by the limited cases at hand, the micro efficiency analysis is still not very thorough, which have room to consummate; and the procedure construction is just in the phase of imagination and designation, and it is a long way to go. I would like to continue paying close attention and making effort to further my research in the future.

Key words: Public Investment Efficiency Institutions Procedure

目　录

图表索引

0. 导论

0.1 研究的背景和意义

0.1.1 研究的背景

公共投资的效率问题一直是我国财政支出中的一个重要问题。随着近几年我国财政支出规模的逐渐扩大，公共投资项目的不断增加，关系到社会民生的公共投资也更多地受到社会公众的关注，人们不仅关注公共投资对社会产生的效果，也开始关注公共投资过程中的成本、效率问题。社会公众对公共投资的参与，加强了对公共投资的监督，也提高了社会各界对我国公共投资的效率问题的重视程度。

2006 年党的十六届六中全会提出了到 2020 年构建社会主义和谐社会的九大目标和任务，其中要求："基本公共服务体系更加完备，政府管理和服务水平有较大提高。"在构建和谐社会的总体目标下，公共财政就是"和谐财政"①。作为政府调节社会公平与效率的重要工具，公共财政在"完善公共服务体系"上具有重要作

---

① 邓子基：《公共财政与和谐社会》，载《厦门大学学报》（哲学社会科学版）2005 年第 6 期，第 41 ~ 47 页。

用，表现在财政支出上，应该是加大对公共领域的投资，优化提供公共物品的结构。

近年来，在我国经济高速发展的同时，逐渐暴露出一些社会不和谐的问题，比如，城乡、区域经济发展不平衡，人民生活水平差距加大，环境恶化，等等。构建和谐社会、“完善公共服务体系”需要政府加大对社会的公共投入，特别是加大对人民急需的公共物品的投入，改善不平衡的状况。1998 年实施积极财政政策以来，我国加大了对基础设施等公共物品的投资，财政支出规模不断扩大，尤其是随着近几年我国财政收入出现超速增长，财政支出也出现较大规模的增长，2001～2005 年，财政支出平均每年增长 16.3%。规模扩大的同时我国财政支出结构也在不断优化中，对一般性竞争领域的投资逐渐减少，对公共管理和公共服务领域的财政投入逐渐增加，财政的支出在向“完善公共服务体系”努力。

加大了财政支出的规模，也增加了公共投资的规模（2001～2005 年政府预算内固定资产投资平均每年增长 12.6%[①]），是不是就改善了我国公共服务体系的结构，提高了人民享有公共物品的水平呢？我国的公共投资是不是有效率的呢？这里可以考察一下我国总体的投资效率。衡量投资效率的一个重要指标是增量资本产出率(ICOR)，$\text{增量资本产出率}=\dfrac{\text{资本增长量（投资）}}{\text{GDP 增长量}}$，其意义是每增加 1 块钱的国民生产总值，需要投资多少钱。

美国、德国、法国、印度等国每增加 1 元 GDP 需要投资 1～2 元[②]。图 1 反映了我国 1998～2005 年的增量资本产出率，虽然呈下降趋势，但 2005 年仍然达到 3.8，也即我国每增长 1 元的 GDP 需要投资 3.8 元，与西方相比，我国投资效率仍然较低。

① 根据《中国统计年鉴（2006）》的数据计算而来。

② 吴敬琏：《增长模式与技术进步——我国的工业化增长模式演变和存在的问题》，载《决策咨询通讯》2006 年第 2 期，第 3～10 页。

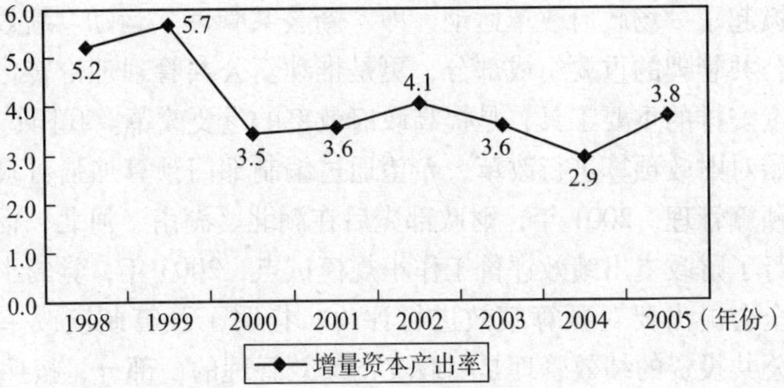

图1　1998～2005 年我国增量资本产出率

我国整体投资效率是偏低的，那么政府为主体的公共投资的效率是否会较高呢？我们知道，公共投资的目标是满足社会需求，宏观上公共投资的最大效率也就是充分满足社会公共需求。但我们也可以看到一方面我国公共投资规模不断扩大；另一方面我国基础设施、卫生设施等保障人民基本生活水平的公共物品尚有不足。不足的原因一方面在于我国公民对公共物品需求增长较快，公共投资增速跟不上；另一方面的原因在于我国公共投资的投入不平衡，城市"形象工程"多，而农村基础设施不足；东部基础设施较完善，而西部生产、生活环境在恶化。微观上，"大楼站起来，干部倒下去"的腐败现象常在公共投资领域出现，微观公共投资主体不注重效率几乎成了不争的事实。如何判断公共投资的宏观效率、微观效率，我国公共投资出现效率问题的原因何在，怎么能够提高公共投资的效率？是本书研究的重点。

如何提高公共投资效率，更好地满足社会公共需求，实现社会和谐呢？20 世纪 80 年代以来，世界范围内兴起以政府再造为主要内容的"新公共管理"运动，也为我国政府改革、财政预算改革带来了启示。20 世纪 70 年代末 80 年代初，西方各国普遍面临政府开支过大、经济停滞、财政危机严重、福利制度走入困境、政府部门工作效率低下、公众对政府的不满越来越强烈等问题，于是从英国开始掀起了一场政府改革运动，即“新公共管理”运动。绩效预算是新公共管理的重要组成部分，更是推动新公共管理理论转化为实际制度安排的重要工具，是提高政府效率的重要改革。我国自1994年开始对财政预算进行改革，希望通过编制部门预算加强对政府支出的预算管理。2001年，财政部先后在湖北、湖南、河北、福建等地进行了财政支出绩效评价工作小规模试点，2003年，党的十六届三中全会提出要对预算绩效进行评价，指明了预算制度改革的方向。公共投资的绩效管理是财政支出绩效管理的一部分，按照“我国推行财政支出绩效考评研究”课题组（2006）的研究，认为我国绩效预算改革应该先易后难，从“项目评价”入手逐步扩展。项目评价不只是对公共投资项目的简单评价，而是要在公共投资项目的决策实施过程中建立激励约束的评价制度，旨在提高公共投资效率。所以，研究中国公共投资的效率，并试图探寻提高公共投资效率的方法，在目前具有重要的理论和现实意义。

0.1.2 研究的意义

（1）公共投资效率研究可以为我国构建“和谐社会”增添理论依据。从研究中看，我国公共投资宏观效率、微观效率都不高，表面上看公共投资决策失误、执行中存在寻租、浪费是造成低效率的原因，但根本上的原因还应归结于制度的不健全。公共投资是为社会公众提供公共物品的，社会公众却缺少表达需求偏好的渠道，决策者的决策很容易脱离社会公众，而公众基本上不能对公共投资进行有效监督，实际上是公民权利的丧失，是不利于社会和谐的因素；另外，公共投资中存在委托代理关系，却没有有效的激励约束机制，决策者不必为失误承担责任、高度集中的投资管理体制使寻租非常方便、努力工作的公务员不能得到激励、公共投资中的代理人谋求自身利益而发生道德风险的行为得不到约束，追求效率的动力自然不足。

构建和谐社会，根本上要以“民主法治、公平正义”的制度保障公民权利，才能使社会安定有序、充满活力。公共投资的效率研究分析了我国公共投资过程中公民权利丧失问题，研究了保障公民权利可以提高公共投资效率，为构建和谐社会增加了理论依据。研究保障公民参与公共投资的权利的制度安排，建立有效供给公共物品满足社会公共需求的激励约束机制，也为我国构建和谐社会、完善公共服务体系提供了参考。

（2）为政府部门改革探索道路。在新公共管理运动的国际背景下，在构建和谐社会的国内环境中，我国正在进行旨在提高政府效率的政府转型改革。公共投资效率问题是政府效率问题的缩影，同公共投资一样，政府部门也存在缺乏激励约束的委托代理问题，在“执政为民”的指导思想下，政府部门也需要面对社会公众的公共选择问题，提高公共投资效率的解决办法在政府管理中也能发挥作用。

公共投资绩效评价制度是建立激励约束机制，提高公共投资效率的一个重要方法，在我国探讨绩效预算改革的背景下，研究以项目评价为主的公共投资绩效评价体系，可以为我国推广绩效预算改革探索道路。对公共投资决策执行过程加强程序管理的研究，也是在探索对我国行政程序进行立法管理，以程序保障制度执行，减少政府行为的随意性，加强制度约束。所以，研究提高我国公共投资效率的制度建设也就是在探索提高政府效率的制度建设。

0.2 前人研究

国外对公共投资问题的研究文献，一是集中在宏观理论上；二是侧重于公共投资的经济效应研究上。国内公共投资理念的形成较晚，对于公共投资的研究多数附属在对财政支出的研究之中，较多的研究成果出现在1998年我国积极财政政策执行之后，主要集中在分析公共投资的结构和规模的合理性上。从制度的角度分析公共投资行为效率的文献相对较少，因为公共投资行为属于政府行为，也属于财政支出行为，所以一些对政府和财政行为效率的制度分析的文献可供参考。但公共投资毕竟有自己的规律性和特殊性，制度上同政府和财政也有所不同。

0.2.1 关于公共投资的范围

确定公共投资的范围，一方面是确定公共投资的具体研究对象；另一方面直接涉及在实证分析中使用的数据，是公共投资效率实证研究的基础。

对于公共投资的范围，可以从公共物品和服务的提供内容来确定，也可以按照财政支出的分类来选择。以公共物品的范围来确定公共投资研究对象可以考察政府应该投资于什么方向，按照财政支出的分类确定公共投资范围则可以研究政府已投资于什么方向。霍尔兹 - 伊肯（Holtz-Eakin，1994）在分析美国公共投资的形成与增长时，将公共投资按照其最终用途分为四类：一是教育投资；二是道路以及高速公路投资；三是污水处理设施投资；四是公共事业投资。日本对公共投资的定义包括 14 个项目，越郎盐浴（Etsuro Shioji，2001）将这 14 项公共投资分为四类：一是教育类投资；二是基础设施类投资，包括公共房屋、污水处理、垃圾处理、水的供给、城市公园、道路、港口、机场、工业用水等投资；三是国有土地保护，包括山脉、河流与海岸的保护；四是农业和渔业类投资。联合国 1980 年确定的政府支出科目，政府公共投资主要包括以下六个方面的内容：燃料和能源的投资；农、林、渔、猎的投资；采掘和矿产资源、制造业与建筑业的投资；交通与通讯的投资；住房及社区环境的投资；其他经济事务和服务的投资等。

我国学者从不同角度确定公共投资的范围。马胜杰、夏杰长（2003）认为公共投资在各国因国情不同而有差异，但主要是扶持基础产业（特别是基础设施）、农业。确定公共投资范围的标准是是否有利于提高宏观效率，促进社会公平。赵志耘（2002）对财政支出进行经济分析时认为，财政投资（公共投资）包括经济基础设施投资、基础产业投资以及高新技术产业投资。刘卓珺、于长革(2006)从投资项目的竞争性项目、基础性项目、公益性项目三种分类来分析，认为公共投资的领域应该是基础性项目，即具有自然垄断性、建设周期长、投资额大、收益较低的基础设施，需要政府重点扶持的高科技产业和一部分基础工业项目，以及直接增强国力并符合规模经济的支柱产业项目，其主要包括：农、林、牧、渔、水利、气象等基础设施，能源工业，交通运输业，邮电通讯业，地质普查与勘探，支柱产业和高新技术产业等。

可见，对于公共投资范围的研究，国内外的差别并不大，从提供公共物品的角度看，都是考虑应该由政府提供的纯公共物品、具有外部效应和自然垄断性质的物品等方面的投资。

0.2.2 关于公共投资效率的研究

(1) 公共投资效率的理论研究。萨缪尔森认为“效率是指尽可能有效地利用该经济体的资源以满足人们的需要和愿望”，“当一个经济无法在不减少一种物品产量的前提下生产出更多另一种物品时，也即当它处在生产可能性边界上时，我们说该经济体的生产是有效率的”。经典的效率理论是帕累托效率：对于某种经济的资源配置，如果不存在其他生产上可行的配置，使得该经济中的所有个人至少和他们的初始时情况一样良好，而且至少有一个人的情况比初始时严格地更好，那么资源配置就是最优的，即最有效率的。怀特赛尔（Whitesell，1994）认为经济效率是指一个经济在既定的生产目标下的生产能力，可以分为技术效率和配置效率。

按照经典的帕累托效率，人们寻找公共投资的效率。C. V. 布朗和 P. M. 杰克逊在其《公共部门经济学》中用局部均衡和一般均衡方法寻找帕累托最优，认为在均衡点的公共物品提供就实现了效率，不在均衡点的公共投资还需要帕累托改进。财政学家道尔顿在讨论公共物品提供规模及其结构的决定时，提出了最大社会收益原则：公共部门在从事任何活动时，应当选择社会收益最大限度地超过社会成本的方案，并且尽量不从事其收益未超过成本的活动。按照这一原则，考虑社会总收益和社会总成本，可以得到公共投资的适度规模和最优规模，达到最优规模则实现帕累托效率。

我国对公共投资效率的分析用投入产出的关系来衡量。新中国成立初期，人们研究经济效果，李驷（1959）认为经济效果是用最少的劳动消耗取得最多的使用价值。20 世纪 90 年代，人们才开始研究经济效率，冯海发（1992）认为广义的效率指由既定价值的资源获得的产品价值，狭义的效率指边际产品比率与相应的要素价格比率之间相等关系的实现。李森、张宝清（2006）研究了公共投资效率，从宏观、中观和微观三个方面来衡量。宏观效率体现在两个方面：一是要有利于资源宏观配置的优化；二是要有利于经济的稳定增长；中观效率体现为公共投资结构要与社会成员对公共产品的需求结构相适应；微观效率体现为在每一具体项目的投资过程中，资金使用效益要高。

西方的经济效率理论为效率研究做了重要的理论铺垫，是我们研究的基础，也是我们的研究和西方研究结果比较的依据。但我国存在自己的国情，从公共投资的决策到执行，人们的效率标准都是有中国特色的。所以，我国学者在对公共投资效率研究中，将西方的理论与我国的实际相结合，比如李森的宏观、中观、微观效率。

（2）公共投资效率的实证研究。关于公共投资的效率，西方学者做的实证分析较多，主要分析公共投资的经济效应。我国在近几年开始有学者借鉴西方学者的研究方法，对公共投资的产出效率进行实证研究。至于规模效率和结构效率，有学者对财政支出的规模和结构效率做了实证分析，对公共投资的分析，非常少见。所以，对公共投资的规模和结构效率只能借鉴学者们对财政支出的研究方法进行实证分析。

西方对于公共投资的经济效应做的实证分析较多，阿绍尔（Aschauer）最早所提出了生产函数法，将公共投资作为一种投入要素，加入到柯布－道格拉斯生产函数中，然后用全国性或地方性时间序列数据进行回归，从而分析公共投资存量是否会提高全要素生产率。他利用美国1949~1985年的年度数据，分析了美国公共投资与生产率增长之间的关系，得到结论是，美国从20世纪70年代开始，生产率增长下降的主要原因是财政投资减少。Easterly和Rebelo（1993）研究了28个国家1970~1988年的公共投资与经济增长的关系，得出的结论是公共投资与经济增长正相关。Cazzavillan（1993）利用欧洲12个国家1957~1987年的数据，得到公共资本的产出弹性为0.25，与经济增长显著相关。Pereira（2000）对美国1956~1997年期间的公共投资、私人投资和GDP的关系，利用VAR模型进行了研究，结果表明公共投资对私人产出有着积极的影响，也是促进美国经济长期增长的有力工具。Barro（1991）研究了1960~1985年期间98个国家的政府支出与人均GDP增长率，结果是政府消费支出（不含国防和教育）对经济增长有显著的负作用，而公共投资对经济增长没有明显的相关性。Barro还利用生产函数建立了一个以政府支出为中心的内生增长模型，并得出一个最优财政支出规模。

国内学者对公共投资效率的实证分析多是参考了西方学者的分析方法，对我国公共投资效率进行研究。马拴友（2000）利用生产函数法，研究了我国公共资本与企业或私人部门经济增长的关系，结果认为公共资本对促进经济增长有显著的效果，但低于私人部门的效果。刘国亮（2002）的分析认为政府公共投资比民间投资的产出弹性大，公共投资中的公共基础设施投资和科研开发及技术服务项目的作用最大，社会服务项目的作用不明显，政府机构及社会团体项目的作用为负。郭庆旺、赵志耘、贾俊雪（2005）利用向量自回归和脉冲响应函数分析了我国财政总投资、财政基本建设投资和财政更新改造投资对总产出、全要素生产率、民间总投资、民间基本建设投资和民间更新改造投资的动态影响，结果显示我国财政投资对经济增长具有较显著的促进作用，对民间投资的拉动效应很强。孙群力（2005）运用协整的方法，对我国公共投资、政府消费和经济增长的1978～2004年的相关数据进行了分析，结论是，从长期来看，我国政府消费对经济增长具有显著的积极影响，而政府投资与经济增长是负相关的。

在规模效率方面，国内学者多是分析了财政支出的最优规模，分析公共投资最优规模的较少。马拴友（2000）用财政支出占GDP的比重来确定最优规模，结果认为我国财政支出的最优规模是占GDP的26.7%；张明喜和陈志勇（2005）的估算结果是中国最优公共支出规模应该是27.9%。国内在结构效率方面的实证研究也是主要集中在对财政支出结构的分析上，直接分析公共投资结构效率的较少。Jeffrey Wurgler（2000）为衡量一国金融市场的发展程度与作用而提出的资本配置效率的方法，对分析公共投资结构效率更有借鉴作用。该法的基本思路是：资本配置效率的提高意味着在高资本回报率的行业（项目）内继续追加投资，在低资本回报率的行业（项目）内适时撤出资本。这样，就可以用资本对于行业（长期）盈利能力的敏感性，作为衡量社会资本配置效率的主要指标。将其引入公共投资结构效率分析，也就是用公共投资在各行业的分配对行业产值的敏感性，分析公共投资在各行业的结构配置效率。

国内学者将西方先进的方法引入我国，在对公共投资或财政支出的分析中，获得了一定的经验。但由于统计的原因，我国公共投资的数量不易确定，虽然学者们普遍认为公共投资就是政府为提供公共物品而进行的投资，但在我国统计数据上没有按照投资主体统计投资数量，反映政府投资的只有预算内投资部分①。这样，学者们只能根据自己的经验和判断从现有的统计数据中选取数据。由于口径的不同，他们的分析结果也不一致，甚至矛盾。

0.2.3 关于公共投资效率的制度分析

从制度的角度分析我国公共投资效率的文献较少，国内现有的

① 这一部分口径过小，不能涵盖政府提供的公共投资。

文献中主要是分析财政支出中的制度问题。江龙（2002）在《财政监督的理论分析》中，从委托代理理论和产权理论的视野对财政监督的理论框架和改革框架做了研究。虽然是从政府理财的角度分析的财政监督，但其运用制度经济学的理论分析财政过程（虽然只是监督过程），还是为本书对公共投资的研究起到了借鉴作用。李晋煤（2004）在其博士论文《财政监督改革：理论分析与制度设计》中，运用了制度变迁理论揭示财政监督的制度变迁特征，用委托代理理论分析了财政过程的委托代理关系，认为“从委托代理理论上看，财政管理是一种多代理人结构，起码有两组委托代理关系”。[①] 虽然该文也没有深入地研究具体的委托代理行为，但其研究方法仍然有一定的启示作用。张雷宝（2005）在《地方政府公共投资效率研究》中，引入了博弈分析的方法，主要对地方政府和中央政府及地方政府和地方政府之间的关系进行了博弈分析。徐曙娜（2005）在《公共支出过程中的信息不对称与制度约束》一书中比较全面地运用了信息经济学知识，将公共支出分为预算编制、审批过程和公共支出执行和决算过程，描述了每个阶段存在的委托代理关系，进行了博弈分析，并进行了制度设计的尝试。其中公共支出阶段的划分对本书研究公共投资的制度很有启发。

0.3 逻辑思路和研究框架

0.3.1 本书研究的逻辑思路

公共投资的概念在我国有一个比较特别的过程。新中国成立初期学习苏联经验，我国建立了高度集中的投资体制，几乎所有的投资都是由政府来承担，没有政府投资和民间投资的区别。改革开放以后，尤其是20世纪90年代以来，多元化投资主体在中国形成，

① 李晋煤：《财政监督改革：理论分析与制度设计》，2004年博士论文，第23页。

政府认识到企业才应该是市场的基本投资主体，政府从竞争性行业退出来，只从事提供公共物品的投资，我国才有了公共投资的概念。所以，我国公共投资的效率问题是由传统的高度集中的投资体制延续下来的，在研究中应该注意到中国公共投资的特殊性。

本书在界定了公共投资的概念及范围后，从宏观和微观两方面分析了我国公共投资的效率。宏观上从对国民经济贡献的能力分析我国公共投资的产出效率、从提供公共物品的角度分析公共投资的适度及最优规模、从资源配置的角度分析公共投资的结构效率；微观上分析我国公共投资过程中存在的 X（低）效率，以及如何控制微观活动中的低效率。结果认为我国公共投资效率从宏观和微观上都存在低效率的问题，分析其原因，发现公共投资的规模效率和结构效率的问题表现在公共投资的“越位”和“缺位”，即政府投资的可能不是公众急需的，公众需要的政府又没有投资，原因来自我国的公共选择问题——公众利益难以得到表达和体现；公共投资的产出低效率和 X 低效率的原因则来自于公共投资过程中的多层委托代理关系，缺乏激励约束机制使代理问题严重。根据这一分析，本书研究了提高公共投资效率的对策——改革选举制度，增强公众对公共投资的参与；建立公共投资绩效评价制度，构建激励约束机制；引入竞争机制；加强程序建设等。

0.3.2 本书的研究框架

本书分 6 章分析我国公共投资的效率、原因及对策。

第 1 章界定了本书涉及的基本概念——投资、公共投资和公共投资效率。我国对投资的理解经过了基本建设投资、固定资产投资两个概念，现在对投资的理解同西方相似，包括实物投资和金融投资两种，本书的研究对象是实物投资。由政府提供的、用于提供公共物品、最终形成固定资产的投资就是公共投资，本书认为具体的公共投资应该主要投入到具有纯公共物品、外部效应和自然垄断性质的范围。文章从宏观和微观角度来分析公共投资效率。宏观上，公共投资效率就是以最小的成本最大程度上满足社会公共需求，以产出效率和配置效率来分析；微观上，公共投资效率表现为具体的投资项目能够达到最佳的经济和社会效果，以成本效益法和 X 效率来分析。

第 2 章和第 3 章分析了公共投资的宏观效率。第 2 章分析公共投资的宏观产出效率，以公共投资和国民经济增长之间的关系来衡量。本章应用生产函数法，引入公共投资、非政府投资、经济增长水平（GDP）、劳动力四个变量，实证分析了公共投资和非政府投资对经济增长的贡献（产出弹性），结果表明我国公共投资对经济增长存在显著的促进作用，但其产出弹性小于非政府投资的产出弹性，即公共投资的产出效率低于非政府投资的产出效率。所以，公共投资的挤出效应会带来全社会投资产出效率的损失。

第 3 章分析公共投资的宏观配置效率。宏观配置效率可以从规模效率和结构效率两方面来分析。公共投资经常处于适度规模中，但达到最优规模才是最有效率的。多数学者用公共投资占 GDP 的比重来分析最优投资规模。借鉴巴罗（Barro）为分析财政支出最优规模，以政府支出为中心建立的内生增长模型，本书用公共投资替换巴罗模型中的财政支出。实证分析结果表明，现阶段我国公共投资的最优规模是公共投资占 GDP 的 7.68%，而 2005 年这一比率只为 2.44%，没有达到最优规模。对结构效率的分析，本章引入 Jeffrey Wurgler（2000）研究资本配置效率的模型，考察公共投资在不同行业的配置所带来的效用，实证分析结果表明，我国公共投资的资源配置效率较低。

第 4 章分析公共投资的微观效率。在微观上，公共投资存在 X 低效率问题，即存在一些与价格、市场和资源配置无关的低效率。比如，同样的资产同时投入同样的行业，由不同的两批人去组织生产，可能会出现不同的生产结果。因为“人”的不同可能会产生不同的效率。微观上，评价公共投资项目的效率可以运用成本效益分析法等方法，在投资前或投资后对公共投资项目的投资效果进行分析，本章考察了一个实际案例，发现我国在运用成本效益法分析公共投资项目的效率时，考虑因素仍然较少，并不能全面衡量公共投资项目的成本和效益。

第5章对我国公共投资的效率问题进行了制度分析。经过50多年的制度发展，我国逐渐形成公共投资的管理理念，但公共投资体制仍然对高度集中的传统投资体制存在路径依赖。这些路径依赖使政府部门愿意掌握集中的权力，从而使社会成员对公共投资的参与度不够，公共投资不能有效反映社会公共需求，造成投资效率损失。公共投资不能有效反映社会公共需求，是公共投资宏观效率的最大损失，主要的原因在于我国公共投资中存在的公共选择问题，使社会公众缺乏参与公共投资的渠道，公民利益不能有效向政府部门表达。微观上的效率损失主要源于公共投资中的委托代理问题，由于缺乏激励约束机制，公共投资的具体执行人（代理人）不承担公共投资失败的责任，也没有追求投资效率的动力。

第6章研究了提高公共投资效率的对策。改革选举制度，增强社会公众显示需求偏好的能力；改革公共投资决策制度，使公共投资的决策权回归社会公众；建立公共投资信息公开制度，加强公众监督，都是以满足社会公共需求为目标进行的制度调整，使公共投资的决策和执行能够更贴近社会公众，决策者也能够更容易地掌握社会公众的实际需求。公共投资中的代理问题严重的主要原因在于缺乏激励约束机制，代理人可以不负责任。建立公共投资绩效评价制度，不仅仅是建立一个公共投资后评价的指标体系，而是对公共投资的决策、执行、效果进行全面评价，并且在制度上建立奖惩办法，构建公共投资过程中的激励约束机制。在公共投资工程施工阶段引入竞争，可以减少政府部门寻租的机会，也给了社会公众直接比较、评价公共投资效果的渠道。加强公共投资活动中的程序建设，可以减少政府行政行为的随意性，增强制度的稳定性，是前文所讨论的制度安排能够有效发挥作用的保障。

0.4 本书的研究方法、创新和不足

0.4.1 本书的研究方法

本书在对我国公共投资的效率研究中大量运用了经济学、计量经济学、制度经济学及法学方面的知识，采用了定性和定量相结合、理论和实践相结合的方法。具体研究方法有：

第一，计量方法。在公共投资效率研究中，需要运用大量的数字来分析效率状况。本书在宏观效率分析中，运用Eviews软件，对引入了公共投资因素的生产函数模型、内生增长模型和资本配置模型进行了计量实证分析。

第二，规范分析方法。规范分析方法是以一定的价值判断作为出发点和基础，提出行为标准，并以此作为处理经济问题和制定经济政策的依据，探讨如何才能符合这些标准的分析方法。公共投资是涉及社会公众的经济活动，其宏观效率的判断标准是满足社会公共需求，所以，公共投资本身就是涉及价值判断的规范问题。文中运用规范的方法分析了公共投资活动中的制度设置及合理性。

第三，逻辑分析法。为了寻求提高公共投资效率的制度安排，需要研究公共投资中的各主体的行为关系，找到其中利益所在，以逻辑分析寻求解决问题的机理，并设计制度以规范投资决策者、执行者的行为。

0.4.2 创新和不足

国内外对公共投资效率的研究已经有了很多方法和角度，本书在借鉴前人研究的基础上，努力寻求自己在研究中的突破。主要的创新有三个方面：

（1）在研究方法上，运用计量工具，尤其是将资本配置效率模型引入公共投资配置效率的分析。对公共投资效率传统的分析主要

是运用定性的方法分析其规模的适度性和结构的合理性，本书借鉴前人研究运用生产函数法分析了产出效率和规模效率。对于结构效率的分析，本书引入了 Jeffrey Wurgler 在金融市场领域中研究资本配置效率的模型，运用面板数据模型，分析公共投资在各行业的增长与各行业产值增长的弹性关系，进而说明公共投资配置的结构效率。

（2）在研究角度上，从制度经济学的角度分析公共投资产生效率问题的原因。现有对公共投资效率问题的分析多是从财政资金分配的角度，分析资金使用的不合理。本书运用制度经济学的知识，分析了公共投资效率问题的根源。官僚主义的公共投资体制是因为对传统投资体制的制度依赖；公共投资不能有效满足社会需求，原因在于我国的公共选择问题使社会公众不能有效参与到公共投资中；决策执行中的效率损失，是因为我国公共投资过程中的多层委托代理关系，并且缺乏激励约束机制，使代理问题泛滥。

（3）在研究内容上，提出以程序建设维护公共投资制度的执行。公共投资的效率问题产生的根源在于制度问题，加强制度建设是提高效率的有效途径，但需要保障制度的执行，制度才能发挥作用。我国经常存在“有法不依、执法不严”的现象，为使提高公共投资效率的制度安排能够发挥作用，应该加强对行政程序的立法，从程序上要求政府部门（公务员）必须执行相关制度，并且要承担法律责任。鉴于我国《行政程序法》的立法尚需时间，本书建议先在公共投资领域中专门设置法律级次较低的“公共投资程序规范”，并尝试设计了规范内容。

由于水平有限、资源有限，本书的研究还存在一些不足：限于掌握案例较少，对公共投资微观效率的研究尚需深入；掌握的计量分析工具不足，分析中只运用了 Eviews 软件；对公共投资的程序建设也只是处在设想阶段，尚需要进一步研究。

第1章

投资、公共投资、公共投资效率

——概念界定

计划经济时代，政府是中国经济中的基本投资主体，政府实施了经济发展中需要的绝大部分投资，不存在政府投资与企业投资的区别，也不存在公共投资的概念。随着我国社会主义市场经济的发展，企业和个人逐渐成为市场的主要投资主体，政府的职能逐渐转向提供公共服务，在中国才逐渐发展出公共投资的概念。所以，研究中国公共投资效率问题，需要先界定投资和公共投资在中国的内涵和范围。

1.1 投资的界定

1.1.1 西方对投资的一般解释

“资本—投资—资本”是投资的运动过程，存量的资本会选择投资方向进行资本投入，资本的投入是为了形成更多资本。所以，投资其实是资本的形成过程，是流量（增量）形式的资本。投资之所以成为促进经济增长的重要因素，就在于它是资本积累的过程。

西方经济学重视投资对经济的推动作用，对投资和经济增长的关系也做了大量的研究，对投资的认识也经过了一个发展的过程。

古典经济学家并未明确区分投资和资本，而是将流量和存量的资本统统都作为资本来研究。最早描述投资的文献，应该是法国重农主义创始人魁奈（Quesnay）的《经济表》，魁奈在《经济表》中以“原预付”代表资本、以“年预付”代表投资，对简单再生产和流通过程做了最初的描述。最早比较系统地分析资本作用的是古典经济学创始人亚当·斯密（Adam Smith）。在《国民财富的性质和原因的研究》中，斯密认为扩大资本积累的规模和增加从事生产劳动的人数有利于提高劳动生产率，“不论哪种方式（使一国土地和劳动的年产物增加价值），增加资本几乎总是必要的”。[①]“任何人把其资本的一部分作为资本进行投资，总是指望能回收并附有利润”。[②]斯密的资本积累理论揭示了国民财富增长与发展的运行机制，为系统研究投资与经济增长的关系奠定了理论基础。大卫·李嘉图（David Ricardo）描述“资本是国家用于未来生产的那部分财富，……新增资本无论取自于技艺和机器的改进，还是来源于再生产所获得的收入，它对未来财富的生产都会产生同样的效力”。[③]认为“资本利润高涨时，人们有积累的动机”。[④]以后的古典经济学家基本认同资本和资本积累对经济发展的作用。

马克思也对投资做过解释，认为“投资，即货币转化为生产资本”。主张把生产资本分为以生产资料形式体现的不变资本和以劳动力形式体现的可变资本，从价值转移方式上又把生产资本分为以机器、设备和生产建筑物等形式体现的固定资本和以原料、材料、燃料、辅助材料及工资等形式体现的流动资本。马克思在《资本论》中系统论述了资本的形成、剩余价值如何产生并转化为资本以及资本主义再生产过程中资本积累的过程。

新古典经济学家以“边际革命”改变了经济学的分析方法，注重对市场效用的分析。1936年，凯恩斯（Keynes）发表的《就业、

---

①② 亚当·斯密，谢祖均、孟晋、盛之译，《国富论》，中南大学出版社2003年版，第228页。

③④ 大卫·李嘉图，周洁译：《政治经济学及赋税原理》，华夏出版社2005年版，第197页。

利息和货币通论》提出了投资乘数理论，使经济学家更注意对投资的研究，也逐渐明确了对投资的定义。凯恩斯定义现行投资（Current Investment）“必定是现行生产活动对资本设备造成的递增的价值。这显然等于……储蓄”。①

美国经济学家保罗·萨缪尔森综合了经济学界对投资的认识，定义投资为“指一年内一国的建筑物、设备及库存等资本存货的增加部分。意味着牺牲当前消费以增加未来消费。”并且指出“经济学家将‘投资’（有时称为实际投资）定义为耐用资本品的生产。而在一般用法上，‘投资’通常是指诸如购买通用汽车公司的股票或去开个存款户头这类东西。为了不致混淆，经济学家将后者称为金融投资。请不要将投资一词的两种用法混淆起来。”② 可见，当代西方经济学家对投资的理解包括实际投资和金融投资，宏观经济学领域的研究主要是实际投资，而对所谓“投资学”的研究则是研究金融投资。在西方，以《投资学》为题名的教科书一般都是介绍如何计算股票和债券收益，怎样估计风险，帮助读者选择获利最高的认购股票和债券的投资机会。如美国斯坦福大学的杜格尔教授和克拉拉大学的科星根教授于 1920 年合著的《投资学》一书，对投资的定义是：“从投资者或资本供给者的观点来看，投资是投入现在的资金以便用利息、股息、租金或退休金等形式取得将来的收入，或者使本金增值。”另一位美国投资学者艾米林在其《投资学——管理和入门分析》一书中更直接地定义投资为“由个人或机构对未来时期内能产生与风险成比例的收益的金融资产的购买”。

经过由古典经济学到现代经济学的发展，西方经济学者对投资的理解也逐渐由资本、资本积累到研究投资规律。综合现代西方经济学者的观点，投资包含两种理解——实际（实物）投资和金融投资。实际（实物）投资是以社会再生产运动对资金投入的客观要求

① 凯恩斯，宋韵声译：《就业、利息和货币通论》，华夏出版社 2005 年版，第 48 页。
② 萨缪尔森，萧琛译：《宏观经济学》，华夏出版社 1999 年版，第 70 页。

为前提的，无论投资者将资金用于何领域，都会形成实现固定资产或流动资产，即实物资产的增加。金融投资只是单纯的表现一种财务关系，可以是证券投资或信贷投资，都是以货币资金转化为金融资产，没有实现实物资产的增加。实际（实物）投资侧重于对宏观经济的研究，金融投资侧重于对市场的研究。

1.1.2 我国投资内涵的变化

在我国，对投资的认识是随着投资体制的变化而变化的。投资的概念大约经历了基本建设投资、固定资产投资和所谓的现代投资几个阶段。

（1）基本建设投资阶段。计划经济时代，我国经济发展完全依照苏联模式，对投资概念的理解也完全接受苏联的理念。苏联的一些经济学家在探讨集中型计划经济条件下直接投资问题时，把固定资产投资建设问题都归入到《基本建设经济学》和《基本建设投资拨款与信贷学》的研究之中。苏联科学院院士哈恰图罗夫所著的《基本建设的投资效率》一书成为社会主义国家研究投资理论和方法较有影响的一本专著。

《经济百科辞典》定义基本建设投资为："社会主义国家用于基本建设的资金。它包括新建、扩建、改建、恢复各种生产性和非生产性固定资产所使用的资金。我国全民所有制基本建设投资分预算内投资和预算外投资两部分。预算内投资是国家投资；预算外投资包括地方、部门、企业、事业单位的自筹基建投资。"① 可见，基本建设投资其实也是形成固定资产的投资，并且是固定资产投资中政府投入的一部分。20 世纪 50 年代中期到 80 年代初期，我国社会投资经济活动的绝大部分是政府投资，政府的基本建设投资概念几乎涵盖了全社会的固定资产投资。所以，在这一阶段，基本建设投资就是所有的投资。

① 张跃庆等：《经济百科辞典》，中国工人出版社 1989 年版，第 442 页。

（2）固定资产投资阶段。1978 年改革开放以后，我国开始了投资体制改革，20 世纪 80 年代开始逐渐对企业放权，引入外资，使投资主体逐渐多元化，仅以政府的基本建设投资概念已不能涵盖多种投资。1981 年起政府开始编制包括多渠道资金在内的综合基本建设计划，1982 年开始又把全民所有制基本建设投资和更新改造投资统一纳入固定资产投资计划，1983 年开始编制固定资产投资计划。

经济理论界对投资的认识也从基本建设投资的概念回到了固定资产投资的思路，定义固定资产投资为："我国全社会固定资产投资包括全民所有制单位投资、城乡集体所有制单位投资和城乡居民个人投资。全民所有制单位固定资产投资分为基本建设投资、技术改造投资、商品房建设投资和其他固定资产投资；城乡集体所有制单位投资包括城镇集体所有制单位投资和农村集体所有制单位投资；城乡居民个人投资包括城市、县镇、工矿区所辖范围内的个人建房和农村个人建房以及购买生产性固定资产的投资。"① 对投资的研究扩展到了全社会多种投资主体的固定资产投资行为。

（3）现代投资阶段。20 世纪 90 年代，我国投资体制改革进一步深化。1993 年，《中共中央关于建立社会主义市场经济体制若干问题的决定》明确提出了深化投资体制改革的主要方向和基本内容；1997 年"十五大"制定了国有经济有进有退、有所为有所不为的方针；1998 年，军队、武警、政法系统、中央党政机关先后与所办企业和直属的各类企业脱钩。经过改革，在我国初步形成了投资主体多元化、资金来源多渠道、投资方式多样化、项目建设市场化的格局。财政支出中，经济建设的比重逐渐降低，科教文卫、社会保障等的比重逐渐增大。政府职能逐步实现转变，逐渐退出竞争行业的投资，转向主要提供社会公共需要。

20 世纪 90 年代初，我国建立上海和深圳两家证券交易所，金

① 李锡奎：《投资通论》，中国财政经济出版社 1994 年版，第 7 页。

融二级市场开始发展，金融投资启动，且规模迅速扩大。截至2005年12月，我国上市公司股票市价总值32430.28亿元，债券余额48503.6亿元，金融投资规模与2005年全年全社会固定资产投资88773.6亿元的规模已经相当①。理论界对投资的研究逐渐包含了固定资产投资和金融投资。田江海②认为“投资不应仅限于基本建设，还应包括其他投资形式；除了技术改造之外，还应从生产资料投资与纯金融投资、有形投资和无形投资的角度，扩及股票投资、债券投资、风险投资、智力投资或人力资本投资，等等”。

2004年《国务院关于投资体制改革的决定》进一步明确了深化投资体制改革的指导思想和目标，要求进一步确立企业的投资主体地位，合理界定政府投资职能。界定政府投资的范围为主要用于关系国家安全和市场不能有效配置资源的经济和社会领域，包括加强公益性和公共基础设施建设，保护和改善生态环境，促进欠发达地区的经济和社会发展，推进科技进步和高新技术产业化。

我国投资内涵的变化反映着政府在投资中职能的演变，计划经济时代政府几乎承担了所有的投资，基本建设的概念足够解释投资；改革开放后随着投资主体的增加，政府预算内的基本建设投资已不能涵盖所有社会投资，全社会的固定资产投资成为投资的研究对象；进一步深化投资体制改革后，金融投资、风险投资等多种投资形式的出现，政府投资得以重新界定，投资的概念扩大到更多投资范围，公共投资的理念也逐渐出现。我国理论界目前将投资一般定义为：指经济主体为获得预期收益，将资金投入某种事业增加资本或资本存量的一种经济行为。这一概念包括了投资主体、投资目的、投资客体及投资结果四要素，反映了投资活动中的各种经济关系。图1－1反映了我国理论界当前研究的投资的范畴。

---

① 数据来自2006年《中国统计年鉴》。

② 田江海：《转轨期的中国投资》，经济管理出版社1998年版，第3页。

- 投资
  - 实物投资
    - 固定资产投资
      - 政府投资
      - 非政府投资
    - 流动资产投资
  - 金融投资
    - 证券投资
    - 金融衍生品投资

图 1-1　投资研究的范畴

1.2　公共物品和公共投资

1.2.1　公共物品

有一些物品是大家共同需要，个人却不愿意提供的，因为如果个人花费成本提供了可供共同享用的物品，却无法收取费用，这样的物品便是公共物品。公共物品是为满足社会公共需要而主要由公共部门提供的物品和服务。

公共物品在历史上长期存在，大卫·休谟（David Hume）在《人性论》（1739）中提到这样的现象：两个邻居可能达成协议，共同在一块草地上排水，但同样的协议不可能在一千人之间达成，因为每个人都想把负担转嫁到别人头上去。意思是：某些任务的完成对单个人来讲并无什么好处，但对于整个社会却是有好处的，因而只能通过集体行动来执行。亚当·斯密（Adam Smith）在《国富论》（1776）中认为除了市场这只看不见的手要发挥基本作用之外，君主也必须提供某些服务，这些服务有三项：第一，保护社会，使其不受其他独立社会的侵犯，即建立国防；第二，尽可能地保护社会上的个人，不受社会上其他人的侵害或压迫，即设立司法机关；第三，建立并维持某些公共事业及某些公共设施。瑞典经济学家林达尔（Erik Lindahl）对公共物品供给进行了探讨，提出的“林达尔均衡”是较早的公共物品理论研究。

1954 年，萨缪尔森在 11 月号的《经济学与统计学评论》上发表了“公共支出的纯理论”一文①，认为所谓纯粹的公共物品，是指每个人对该产品的消费不减少任何其他人的消费的物品。这一概念逐渐被经济学界普遍接受。萨缪尔森将公共物品的特征概括为以下两个方面：

（1）受益的非排他性（Non-Excludability）。指在技术上没办法将拒绝为之付款的个人或厂商排除在公共物品或服务的受益范围之外，或者这样做的成本高昂。

（2）消费的非竞争性（Non-Rivalness）。指任何人对公共物品或服务的消费都不会影响其他人对公共物品的消费。这里有两层意思：第一，边际生产成本为零，即增加一个消费者对提供者带来的边际生产成本为零。第二，边际拥挤成本为零，即每个消费者的消费都不影响其他消费者的消费数量和质量。

同时满足非排他性和非竞争性特性的，被称为“纯公共物品”，只具备一个特征的被称为“准公共物品”或“混合物品”。准公共物品中，具有受益的非排他性而不具有消费的非竞争性的物品，称为“拥挤性的公共物品”（Congestive Public Goods）；具有消费的非竞争性而不具有受益的非排他性的物品，称为“价格排他性的公共物品”（Price-Excludable Public Goods）。

从消费属性上看，公共物品可分为满足人们物资消费需求和满足人们非物资需求的公共物品。满足人们物资消费需求的公共物品多具有有形的表现形式，如基础设施、道路交通等；满足人们非物资需求的公共物品一般不具有有形的物资形态，如文化、社会保障等，常称为“公共服务”。

从与社会经济的具体联系上看，公共物品可分为生产资料和消费资料两类。属于生产资料的公共物品主要是为人们的生产和流通活动提供便利，为正常的经济活动创造条件；属于消费资料的公共

① 萨缪尔森：《公共支出的纯理论》；曹荣湘主编：《蒂布特模型》；社会科学文献出版社 2004 年版，第 41 ~ 46 页。

物品主要为人们的生活提供便利或提高水平，包括公园、医疗等。

从消费的空间范围上看，公共物品可分为全国性的和地方性的公共物品。全国性的公共物品不是针对某一特定区域范围的消费者，可以使全国人民受益；地方性公共物品的消费受区域限制，外溢的范围不大，如城市基础设施等。

从提供方式看，公共物品可分为政府提供公共物品和私人提供公共物品。政府提供的公共物品包括政府提供、政府生产和政府提供、私人生产两种，纯公共物品由政府完全提供，如国防、法制、基础科学等；一些基础设施建设等具有一定竞争性的公共物品也可由政府出资提供、私人生产。私人提供的公共物品主要是满足人们的日常生活和一般性消费的物品或服务，如一些娱乐设施的建设。

1.2.2　“林达尔均衡”和公共物品的供给方式

瑞典经济学家林达尔对公共物品有效供给进行了研究，以寻找公共物品提供的最佳水平。假定社会中有两个人A与B，可以把他们分别看做是两个政党，每个政党内部人们的偏好是一致的。图1－2表示两人通过讨价还价来决定各自应负担公共物品成本的比例，公共物品的成本即税价。A的行为由以O_A为原点的坐标系来描述，B的行为由以O_B为原点的坐标系来描述。图中纵轴表示A、B负担的公共物品成本的比例，其长度为1。如果A负担的比例为h，则B负担的比例为（1－h）。横轴代表公共物品供给的数量，也可认为是公共支出的规模。AA曲线代表A对公共物品的需求，BB曲线代表B对公共物品的需求。如果A要负担h_1的税收比例，A就愿意要G_1的公共物品数量，即只会同意G_1规模的公共开支，而在h_1点，B要承担（$1-h_1$）的税金比例，这种税负使B愿意要G_2规模的公共开支，A与B没有达成一致，这时实力较强的将获胜。若双方势均力敌，就会较量下去，直到税负处于h_E点，双方都同意公共支出规模为G_E，此时AA线与BB线交点E所决定的均衡状态被称为林达尔均衡。

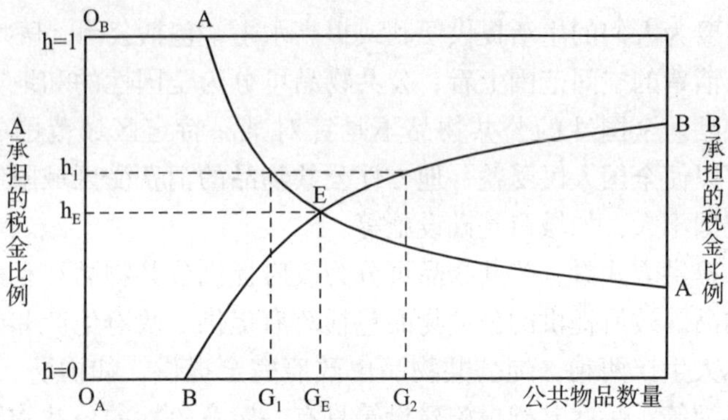

图 1－2 林达尔均衡模型

可见，运用“林达尔均衡模型”可以找到公共物品供给的最佳水平，但林达尔均衡的实现有两大假设前提：一是每个社会成员都愿意准确地披露自己可以从公共物品或服务的消费中获得的边际效益，而不存在隐瞒或低估其边际效益从而逃避自己应负担的成本费用。二是每个社会成员都清楚地了解其他社会成员的嗜好以及收入状况，甚至清楚地掌握任何一种公共物品或服务可以给彼此带来的真实边际效益，从而不存在隐瞒个人边际效益的可能。在成千上万人的社会中，这两个条件很难具备，不可避免地会出现“搭便车者”，所以“林达尔均衡”很难实现。由于“搭便车者”的存在，私人企业如果提供公共物品，就可能无法收回成本，竞争市场不能保证公共物品的有效供给，只能依靠强制性的融资方式来解决公共物品的供给，即由政府以征税的方式取得资金，然后用于公共物品或服务的提供。因此传统的公共物品理论认为，市场机制在公共物品领域存在着“市场失灵”，政府承担社会公共物品的供给是其符合逻辑的职能。

政府提供公共物品也会存在“政府失灵”，即政府机制存在的缺陷，无法使资源配置效率达到最佳。政府失灵的主要原因在于：（1）政府部门垄断了公共物品的供给，缺乏竞争机制。（2）政府机构及官员，没有利润动机激励，会导致效率低下。(3) 无法判断和评价公共物品的支出及其定价是否合理和可行。(4) 公共物品提供缺乏监督机制。所以，在政府失灵的领域中，可以由私人部门或私人和公共部门联合提供公共物品，引入竞争机制。

公共物品供给可以将提供和生产分开，提供是指谁为产品付款，生产指谁来从事具体生产。这样，公共物品的供给方式可分为四种：政府提供、政府生产，即由政府安排政府的企业生产公共物品；政府提供、私人生产，即政府向私人企业采购或是采用合同出租、合同承包等形式获得公共物品；私人提供、私人生产，私人在利他主义的情况下也会提供公共物品，比如中国封建社会时期，乡绅捐款修桥修路等；私人提供、政府生产，私人愿意提供，却无力生产公共物品时，向政府捐款，由政府生产，比如私人向国防捐一架飞机，飞机由政府组织生产。

1.2.3 公共投资的界定

(1) 公共投资的内涵。公共物品的供给过程是由提供主体为达到某种目的做出决策，采用一定方式获取资金，组织生产，最终获得公共物品，满足社会公共需要。是一个由“决策”到“生产”到“获得公共物品”的资金运动过程，符合投资具有的“投资主体、投资目的、投资客体及投资结果”的四大要素，所以，公共物品的供给过程是一种投资过程。广义上可以认为，所有为提供公共物品而进行的投资都是公共投资，包括政府提供的和私人提供的投资。但狭义上看，尤其是作为对投资行为的研究，公共投资的内涵还需要根据投资特征具体界定。

从公共物品的供给范围来看，公共物品应该包括“物品和服务”，“物品”具有物资形态，比如道路、水库、公园等，而“服务”不具有物资形态，比如文化、卫生防疫，“服务”多数不形成固定资产，投资的特征不十分明显。所以，公共投资的范围可以不包括不易于定量分析的公共服务的提供，主要研究形成固定资产的

“物品”的投资（为提供公共服务所必需的固定资产投资应该包括在研究范围之内）。

从公共物品的供给主体来看，公共物品可以由政府提供，也可以由非政府部门提供，不同提供主体的性质有所不同。①非政府部门提供公共物品，虽然也在一定程度上满足了社会公共需要，但其决策、生产具有预算的硬约束和追逐利润的特征，不同于政府提供公共物品的运作方式，应该不纳入公共投资的研究范围；②政府提供公共物品，可以由私人部门生产，也可以由政府部门生产。由政府部门生产其实是由政府的企业（国有企业）生产，国有企业提供的产品并非都是公共物品，和私人企业一样，当其产品被政府部门采购，且用于满足社会公共需要时，其提供的产品才成为公共物品。所以，国有企业的投资应看做是一般企业的资本运作。但自然垄断行业的国有企业具有准公共投资的性质，因为一方面自然垄断行业的投资应该主要由政府投资；另一方面，自然垄断行业的国有企业受国家控制，运作规律具有政府投资的特点。

所以，从研究公共投资行为的角度看，公共投资的内涵应该是：政府部门为满足社会公共需要，投入资金，以在将来获取物资形态的公共物品的资本运动过程，也可称为政府公共投资。其特征有三：一是提供主体是政府部门；二是投资目的是为了满足社会公共需要；三是最终形成物资形态的公共物品（为提供公共服务所必需的固定资产投资应该包括在研究范围之内）。

（2）公共投资与政府投资。政府投资是中央和地方各级政府为了实现一定的宏观经济目标，直接作为投资主体，使用政府性资金进行的各类投资。政府投资是按照投资主体来界定的，所有由政府部门做出的投资都是政府投资，包括对公共物品的投资，也包括对国有企业的投资，既有对“市场失灵”的行业的投资，也有对竞争行业的投资。广义的公共投资的概念和政府投资有交叉，如图1－3。广义的公共投资包括政府和私人提供公共物品的投资，政府提供公共物品的属于政府投资，但政府投资又包括对国有企业的投资，是广义公共投资所不包括的。由图1－3可见，广义公共投资和政府投资所交叉的部分，正是本书所定义的狭义的公共投资，所以，狭义的公共投资可称为政府公共投资，是政府投资的一部分。

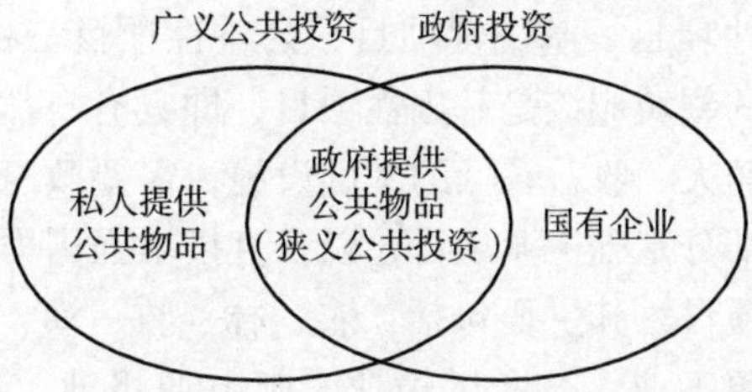

图1－3　公共投资和政府投资

（3）公共投资的范围。公共投资应该包括为提供公共物品而进行的所有形成固定资产的投资，但在具体定量研究时，仍需要对公共投资的范围做出具体考量。霍尔兹－伊肯（Holtz-Eakin，1994）在分析美国公共投资的形成与增长时，将公共投资按照其最终用途分为四类：一是教育投资；二是道路以及高速公路投资；三是污水处理设施投资；四是公共事业投资。日本对公共投资的定义相对广泛一些，总计包括14个项目，越郎盐浴（Etsuro Shioji，2001）[①] 将这14项公共投资分为四类：一是教育类投资；二是基础设施类投资，包括公共房屋、污水处理、垃圾处理、水的供给、城市公园、道路、港口、机场、工业用水等投资；三是国有土地保护，包括山脉、河流与海岸的保护；四是农业和渔业类投资。我国学者从不同角度对公共投资的范围也做过考量，马胜杰、夏杰长[②]认为公共投资在各国因国情不同而有差异，但主要是扶持

① Etsuro Shioji, Public Capital and Economic Growth: A Convergence Approach, *Journal of Economic Growth*, 6, 2001, 205－227.

② 马胜杰、夏杰长：《公共经济学》，中国财政经济出版社2003年版，第115～116页。

基础产业（特别是基础设施）、农业。确定公共投资范围的标准是是否有利于提高宏观效率，促进社会公平。赵志耘[①]对财政支出进行经济分析时认为，财政投资（公共投资）包括经济基础设施投资、基础产业投资以及高新技术产业投资。刘卓珺、于长革[②]从投资项目的竞争性项目、基础性项目、公益性项目三种分类来考量，认为公共投资的领域应该是基础性项目，即具有自然垄断性、建设周期长、投资额大、收益较低的基础设施，需要政府重点扶持的高科技产业和一部分基础工业项目，以及直接增强国力并符合规模经济的支柱产业项目，其主要包括：农、林、牧、渔、水利、气象等基础设施，能源工业，交通运输业，邮电通讯业，地质普查与勘探，支柱产业和高新技术产业等。

按照联合国 1980 年确定的政府支出科目，政府公共投资主要包括以下六个方面的内容：燃料和能源的投资；农、林、渔、猎的投资；采掘和矿产资源、制造业与建筑业的投资；交通与通讯的投资；住房及社区环境的投资；其他经济事务和服务的投资等。

考虑到公共投资满足社会公共需求的目的和弥补市场失灵的特点，本书认为公共投资应该主要投入到具有纯公共物品、外部效应和自然垄断性质的范围，以满足人们的生产和生活需要。具体应主要包括：①基础设施，包括交通运输、供水、供电、供气等；②资源开发和环境保护；③教育；④科学文化卫生；⑤社会秩序维护等。

在对我国公共投资的实证分析中，常面临着难以查找公共投资数据的困境。因为我国没有以投资主体公布的固定资产投资数额的数据，分析者只能依照自己对公共投资概念的理解，在公布的数据中选择自己认为最能反映我国公共投资的数据进行整理分析。分析中，同样的模型、同样的研究方法，却形成不同（甚至相反）的研

① 赵志耘：《财政支出经济分析》，中国财政经济出版社 2002 年版，第 190 页。

② 刘卓珺、于长革：《公共投资的经济效应及其最优规模分析》，载《经济科学》2006 年第 1 期，第 30～41 页。

究结果，使我国对公共投资的数量研究显得比较混乱。

实证研究中，常见的选择公共投资数据的口径有大小两个。大口径公共投资选取中国统计年鉴中所有涉及公共领域的固定资产投资数据。我国对全社会固定资产投资有按主要行业和按资金来源等多个种类的统计。按行业划分，全社会固定资产投资包括采掘业、制造业、电力燃气及水的生产及供应业等16个部分①。其中，农林牧渔业、采掘业、制造业、建筑业、批发零售贸易和餐饮业、金融保险业和房地产业属于生产流通领域的固定资产投资，具有较强的竞争性特点，排除在公共投资范围之外。剩余的电力煤气及水的生产和供应业、地质勘查业水利管理业、交通运输仓储和邮电通信业、社会服务业、卫生体育和社会福利业、教育文化艺术和广播电影电视业、科学研究和综合技术服务业、国家机关政党机关和社会团体、其他等9个行业主要为社会提供公共基础设施或公共服务，从满足社会公共需求的角度看，属于广义公共投资，所以将其称为大口径的公共投资。刘国亮（2002）、吴国权和杨义群（2003）采用这一口径。

小口径的公共投资选择我国全社会固定资产投资的统计中按资金来源分的“国家预算内资金”部分。按资金来源全社会固定资产投资可分为：国家预算内资金、国家贷款、债券、利用外资、自筹资金、其他资金6部分。其中，“国家预算内资金”是为提供公共物品，由政府投资的形成固定资产的投资，符合本书定义的公共投资的概念。孙群力（2005）、郭庆旺等（2005）采用这一口径。但是我国统计年鉴中预算内固定资产投资的统计口径过窄，不能涵盖政府提供的公共投资。比如，1981年的全社会固定资产投资统计中，来自国家预算内资金的固定资产投资只占全社会固定资产投资的28.1%，而当时多元化的投资主体在我国尚未形成，政府是绝大多数投资项目的决策主体，28.1%的比例显然不符合当时的实际情

① 《2004年中国统计年鉴》的划分。

况。所以小口径实际上低估了我国公共投资的规模。

本书的实证研究中，在小口径公共投资的基础上加上了预算外的固定资产投资部分。

1.3 公共投资效率

1.3.1 经济效率

效率是经济学中被广泛应用的概念，经济学认为资源存在稀缺性，并在此基础上研究一个社会如何进行配置才能最有效地利用资源。

马克思主义经济学十分重视对经济效率问题的研究，马克思在其《资本论》中多次提到劳动生产力和劳动生产率。在马克思主义经济学家们看来，经济效率是生产率，主要是劳动生产率。经济效率问题的核心通常被理解为是资源的节约，马克思归结其为对“劳动时间”的节约。马克思写道：“真正的经济……节约……是劳动时间的节约。而这种节约就等于发展生产力。”①

萨缪尔森认为“效率是指尽可能有效地利用该经济体的资源以满足人们的需要和愿望”，“当一个经济无法在不减少一种物品产量的前提下生产出更多另一种物品时，也即当它处在生产可能性边界上时，我们说该经济体的生产是有效率的”②。新古典经济学对经济效率有一个精确的、但相当狭窄的概念，是由意大利经济学家和社会学家帕累托（Pareto）在1907年出版的《政治经济学教程》中给出的。帕累托定义：对于某种经济的资源配置，如果不存在其他生产上可行的配置，使得该经济中的所有个人至少和他们的初始时情况一样良好，而且至少有一个人的情况比初始时严格地更好，

---

① 《马克思恩格斯全集》第46卷（下册），人民出版社1980年版，第225页。

② 保罗·萨缪尔森、威廉·诺德豪斯，萧琛译：《宏观经济学》，华夏出版社2001年版，第10页。

那么资源配置就是最优的，即最有效率的。帕累托最优包括以下三个条件：第一，交换的最优条件——任何两种产品的边际替代率对所有的消费者都相等；第二，生产的最优条件——任何两种要素替代率对所有生产者都相等；第三，生产与交换的最优条件——任何两种产品的边际转换率等于它们的边际替代率。当上述三个条件均得到满足时，就称为整个经济实现了帕累托最优状态。怀特赛尔（Whitesell，1994）认为经济效率是指一个经济在既定的生产目标下的生产能力，也就是指在恰当的生产可能性曲线上的恰当的点。它可以分为技术效率（Technical Efficiency）和配置效率（Allocative Efficiency）。技术效率指在给定技术和投入要素的情况下，实际产出和潜在产出的比较；配置效率是指投入要素的组合按成本最小化的方式进行，即按照要素在不同使用方式下的边际要素替代率相等的方式进行。

我国学者对经济效率的研究是一个由“效果”到“效益”到“效率”的发展的过程。张先治（1996）对经济效果和经济效益研究的有关文献进行了整理①：20 世纪 50 年代，人们研究经济效果，认为经济效果是用最少的劳动消耗取得最多的使用价值（李驷，1959），除了用最少的劳动消耗取得最多的使用价值外，还要体现多快好省的要求和满足社会需要的要求，即用尽可能节约的劳动消耗，尽可能快的生产尽可能多的社会产品（周振华，1962）。80 年代，人们展开了对经济效益的讨论，认为经济效益是劳动耗费与劳动成果的比较，是投入与产出的比较，是经济方面有益的效果。可见，经济效益和经济效果的含义差别并不大，都是对所得和所费进行比较。90 年代，由于大量引入西方经济学理论，人们开始研究经济效率，冯海发（1992）认为效率有广义和狭义之分，广义的效率指由既定价值的资源获得的产品价值；狭义的效率指边际产品比率与相应的要素价格比率之间相等关系的实现。经济效率也是对比投

① 张先治：《经济效益研究》，东北财经大学出版社 1996 年版，第 17～42 页。

入与产出的关系，研究内容上同经济效果和经济效益相似。不过，经济效率比经济效益的研究范围更广泛，经济效益强调可以物化的产出成果，如生产成果、财务成果；经济效率提出了社会福利最大化，强调满足社会需求的程度，程度包括产出成果的好坏，也包括资源利用的效果。

综上，本书认为经济效率是经济活动中投入与产出或成本与收益之间的关系，这一关系反映着投入产出的程度、资源利用的程度（包括资源利用率、资源配置结构）和满足社会需求的程度。经济效率应该具有以下特点：①节约——即不浪费，产出的增加不应该以浪费资源为代价；②合理——资源配置结构合理有效；③稳定——资源配置方式、投入产出方式在制度上是稳定的，能够长期发挥有效作用；④最优——总是在寻找满足社会需求的最优方案，促进效率的不断发展。

1.3.2 投资效率和公共投资效率

根据经济效率的概念，投资效率就是资本投入与产出之间的关系。微观上看，投资是经济主体进行的资本投入，目的是为获取预期收益；投资效率则是经济主体所取得的有效成果与所消耗的投入额之间的比率，也就是投资活动所得与所费、产出与投入的比例关系。宏观上看，投资是社会储蓄转化为资本，并获得资本增值的过程，人们放弃现时的消费，是为了获得将来的经济增长；投资效率则是一国经济活动中所有的资本投入与经济增长的关系。

公共投资的目标是满足社会公共需求，如果消费者的需求通过公共投资活动得到了满足，而且公共产品也是以成本最小化的原则提供的，就可以认为公共投资是有效率的；如果在这一状态下，无法再通过调整生产结构、生产规模，使人们的公共需求进一步改善，就达到了公共投资的帕累托效率状态。公共投资效率可以从宏观效率、中观效率和微观效率三个方面来衡量（李森、张宝清，2006）。宏观效率体现在两个方面：一是公共投资要有利于资源宏观配置（在公共经济部门和私人经济部门间）的优化；二是公共投资要有利于经济的稳定增长。中观效率体现为公共投资结构要与社会成员对公共产品的需求结构相适应，需要公共投资决策机构或决策者健全对公共投资决策过程的监督机制，了解社会成员对公共产品的需求信息。微观效率体现为在公共投资的规模和结构已经优化的前提下，在每一具体项目的投资过程中，资金使用效益要高。

在一国经济发展的初期，政府所要满足最基本的社会需求是经济增长，可以是供应基础设施降低企业的生产成本，提供经营便利，也可以是促进技术进步，直接提高劳动生产率，公共投资需要具有产出效率（即投入产出的比例关系，同于技术效率），用公共投资与经济增长的关系来衡量。公共投资在以促进经济增长的方式表现出产出效率时，也可能还存在帕累托改进的条件，即公共投资利用资源是否有效率？是否可以通过调整投资规模或结构使人们的福利水平进一步改善？需要公共投资具有配置效率。配置效率主要包括两个方面：规模效率和结构效率。微观上，公共投资效率要体现在每一个投资项目的投资效率上，需要以具体项目的成本效益分析和 X 效率分析来衡量公共投资效率。

本书从宏观和微观角度来分析公共投资效率。宏观上，分析公共投资的产出效率和配置效率；微观上，以成本效益法和 X 效率来分析公共投资效率。

第2章

公共投资宏观效率的经济分析之一

——产出效率分析

产出效率是从投入产出角度衡量的经济效率，是投资直接产生的经济效果。公共投资在具体投资项目上可能会存在经济效果不佳的情况，但从社会角度看，具体项目的正外部效果会提高其他投资的经济效率，比如教育投资很难直接产生经济效益，但国民素质提高可能更大范围地提高经济增长。所以，公共投资产出效率不能仅以具体项目的效益来衡量，应该在宏观上，以公共投资与国民收入和经济增长的关系来分析。

政府提供公共物品的目的是满足社会需求，在一国经济发展的初期，人们最大的社会需求就是经济增长，需要政府提供基础设施、基础产业等公共物品。所以，这一阶段政府进行公共投资提供公共物品的宏观目标即是经济增长，宏观上，可以用公共投资与国民收入和经济增长的关系衡量公共投资的产出效率。

2.1 公共投资产出效率分析的方法论

2.1.1 公共投资产出效率的IS－LM分析

从IS－LM模型看，公共投资使IS曲线变动，从而影响国民收入。如图2－1，在LM曲线不变的情况下，公共投资的增加使IS

曲线向右移动到 IS′，右移的距离是 EE″，国民收入因此增加，但国民收入不能增加到 E″对应的 y_2 点。因为公共投资的增加同时使市场对资金的需求增加，导致利率从 r_0 上升至 r_1，IS－LM 达到一个新的均衡点 E′，国民收入只能增加到 y_1 点。其中，y_1y_2 是利率 r 上升抑制了私人投资，导致的“挤出效应”，也是公共投资的产出效率损失。

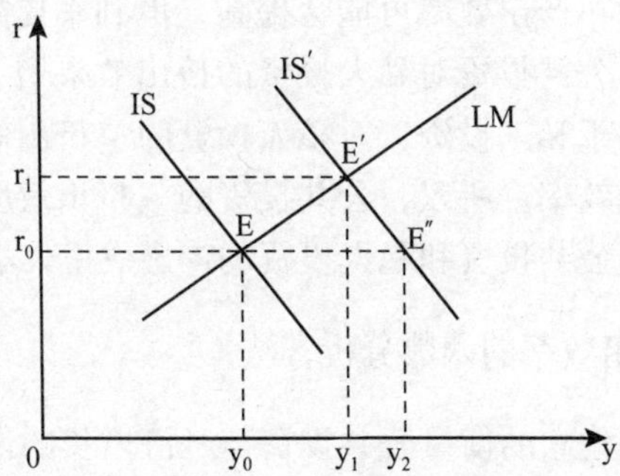

图 2－1　公共投资产出效率的 IS－LM 分析

从模型上看，公共投资的增加能够导致国民收入增加，但由于挤出效应的存在，公共投资的效率又有所损失。公共投资产出效率大小的关键在于投资乘数。公共投资属于政府支出，考虑三部门经济，总支出（等于总收入）为：

$$y = c + i + g \tag{2.1}$$

其中，y 为总支出（等于国民收入）；c 为消费；i 为投资；g 为政府支出。

且，$c = \alpha + \beta y$　　(2.2)

其中，α 为必须消费；β 为边际消费倾向。

将（2.2）式代入（2.1）式有

$$y = \alpha + \beta y + i + g \Rightarrow y = \frac{\alpha + i + g}{1 - \beta} \tag{2.3}$$

对 g 求导得：

$$\frac{\partial y}{\partial g}=\frac{\Delta y}{\Delta g}=k_g=\frac{1}{1-\beta} \tag{2.4}$$

k_g 即为政府支出的乘数，也即是公共投资的乘数，可见公共投资的乘数同于投资乘数，都取决于消费者的边际消费倾向。对于公共投资来说，其产出效率存在一个矛盾——边际消费倾向小则公共投资乘数小，公共投资带来的产出效率低，如果边际消费倾向大则公共投资乘数大，产出效率可能会提高，但利率提高所引起的国民收入减少也多，公共投资对私人投资的挤出效果增大。如果公共投资的产出效率高于私人投资，对私人投资的“挤出效应”会提高效率；否则会降低效率。所以，公共投资的“挤出效应”是否是效率损失，还要比较公共投资和私人投资的产出效率大小。

2.1.2 产出效率的函数分析方法

经济学家所建立的衡量公共投资与经济增长的函数模型主要分为五类（郭庆旺、赵志耘、贾俊雪，2005）①：生产函数法（Production Function Approach）、行为方法（Behavioural Approach）、向量自回归法（Vector Auto-Regressive（VAR）Approach）、横截面回归法（Cross-Section Regression Approach）和结构模型法（Structural Model Approach）。

（1）生产函数法。生产函数法最早是由阿绍尔（Aschauer，1989a，1989b，1989c，1990）所提出的，这种方法的基本思路是将公共投资作为一种投入要素，加入到柯布－道格拉斯生产函数中，然后用全国性或地方性时间序列数据进行回归，从而分析公共投资存量是否会提高全要素生产率。

公共投资 G_t 以两种方式加入生产函数中：①它可能影响全要素生产率 A；②它作为第三种投入要素直接进入生产函数中：

① 郭庆旺、赵志耘、贾俊雪：《财政投资的经济增长效益》；郭庆旺：《公共经济学评论》，中国财政经济出版社 2005 年版，第 170～229 页。

$$Y_t = A(G_t)F(K_t, L_t, G_t) \tag{2.5}$$

其中，Y_t 为民间部门的实际总支出；K_t 为民间非住宅固定资本存量；L_t 为民间部门的劳动力投入。具体运用中，常采用柯布－道格拉斯生产函数：

$$Y_t = A_t K_t^{\alpha} L_t^{\beta} G_t^{\gamma} \tag{2.6}$$

其中，α、β 和 γ 分别为民间资本存量、民间劳动和公共投资的边际生产率。

进一步假设所有要素为规模收益不变，即 $\alpha+\beta+\gamma=1$。式（2.6）两边同时除以 K_t，并取自然对数，则有生产函数：

$$\ln(Y_t/K_t) = \ln(A_t) + \beta\ln(L_t/K_t) + \gamma\ln(G_t/K_t) \tag{2.7}$$

阿绍尔采用这种生产函数法，利用美国 1949～1985 年的年度数据，分析了美国公共投资与生产率增长之间的关系，得到结论是，美国从 20 世纪 70 年代开始，生产率增长下降的主要原因是财政投资减少。

生产函数法比较直观简洁，但也存在一些缺陷，如生产函数不能明确函数的因果关系；采用数据的非平稳可能导致公共投资与产出增长之间存在伪回归；无法区分公共投资对产出的直接效应和间接效益等。

（2）行为方法。行为方法的基本思路是通过构建企业的经济行为最优化模型（即利润最大化或成本最小化模型），并把公共投资包括在成本函数或利润函数中，从而估计公共投资对民间部门产出的影响。

对单个民间企业而言，产出价格 p_t^y 和投入价格 p_t^i 都是外生给定的。所以民间企业所追求的是通过选择民间投入数量 x_t^i 来实现生产一定产出 Y_t 水平的成本 C 最小化；或者是通过选择产量 Y_t 和投入数量 x_t^i 以实现利润 Π 最大化。所以有如下优化问题：

$$C(p_t^i, x_t^i, A_t, G_t) = \min_{x_t^i} \sum_i p_t^i x_t^i \tag{2.8}$$

$$\text{s. t. } Y_t = F(x_t^i, A_t, G_t)$$

或

$$\prod(p_t^y, p_t^i, x_t^i, A_t, G_t) = \max_{Y_t, x_t^i}\left\{p_t^y Y_t - \sum_i p_t^i x_t^i\right\} \tag{2.9}$$

s. t. $Y_t = F(x_t^i, A_t, G_t)$

民间企业的最优化行为必须考虑企业经营的外部环境。其中一个环境变量是技术知识状态 A_t，另一个是公共投资 G_t。公共投资作为一种无偿的固定投入进入企业的生产函数、成本函数和利润函数。利用拉格朗日函数可以求解上述优化问题，从而给出一阶优化条件，利用一阶优化条件可以给出相应的要素需求函数，再利用似不相关回归法估算出这些一阶优化条件和成本函数或利润函数，这样就可以估算出公共投资的成本弹性和利润弹性。

（3）向量自回归法。向量自回归法的基本思路是将公共投资、产出和私人投资等变量纳入一个自回归模型中，在给出模型估计的基础上，通过格兰杰因果检验（Granger Causality Test）、脉冲响应函数（Impulse Response Function）和方差分解（Variance Decomposition）来考察公共投资对产出和私人投资的动态影响。

对于一个 p 阶的向量自回归即 VAR（p）模型：

$$y_t = \Phi_0 + \sum_{i=1}^{p} \Phi_i y_{t-p} + \varepsilon_t \tag{2.10}$$

其中，y_t 为一向量，可以包括公共投资、产出和私人投资；Φ_0 为常数项，$\Phi_i(i=1, 2, \cdots, p)$ 为系数矩阵；ε_t 为扰动项。

利用滞后算子 L，可将（2.10）式化为：

$$\left[I_n - \sum_{i=1}^{p} \Phi_i L^i\right] y_t = \Phi_0 + \varepsilon_t \tag{2.11}$$

其中，I_n 为单位矩阵。如果 VAR(p) 模型是稳定的，即 $\left[I_n - \sum_{i=1}^{p} \Phi_i L^i\right] = 0$ 的根落在单位圆外，那么 VAR(p) 可以化为无穷阶移动平均过程 MA(∞)：

$$y_t = \Phi_0 + \varepsilon_t + \Psi_1 \varepsilon_{t-1} + \Psi_2 \varepsilon_{t-2} + \cdots = \Psi_0 + \Psi(L)\varepsilon_t \tag{2.12}$$

其中，$\Psi(L) = I_3 + \Psi_1 L + \Psi_2 L^2 + \cdots = \left[I_n - \sum_{i=1}^{p} \Psi_i L^i\right]^{-1}$

系数矩阵 Ψ_s 的第 i 行、第 j 列元素

$$\frac{\partial y_{i,t+s}}{\partial \varepsilon_{jt}} \tag{2.13}$$

等于时期 t 第 j 个变量的新息（Innovation）ε_{jt} 增加一个单位而其他时期其他新息不变的情况下，对时期 t + s 时第 i 个变量 $y_{i,t+s}$ 的影响。(2.13) 式作为时间间隔 s 的一个函数，度量了在其他变量不变的情况下，$y_{i,t+s}$ 对 $y_{j,t}$ 的一个脉冲的反映，因此称为脉冲响应函数。利用脉冲响应函数就可以给出公共投资对产出和私人投资的动态影响。

(4) 横截面回归法。横截面回归法主要依据内生增长理论，利用不同国家或不同地区的横截面数据（面板数据），把公共投资包括在横截面增长回归方程中，估计公共投资的增长效应。

依据内生增长理论，资本形成在经济增长过程中起核心作用，而资本不只是物资资本，还包括人力资本和知识。在实证分析中，通常将增长模型在稳定状态处对数线性为一个单一增长方程，并将公共投资作为一个解释变量。假设 $\left(\frac{Y}{L}\right)_{0,T}$ 为［0，T］内的平均人均产出，$\left(\frac{Y}{L}\right)_0$ 为人均产出的初值，$\left(\frac{I_g}{Y}\right)_{0,T}$ 为［0，T］内的平均公共投资比率（公共投资占产出的比率），则有回归方程：

$$\Delta \ln\left(\frac{Y}{L}\right)_{0,T} = c_0 + \beta\left(\frac{Y}{L}\right)_0 + \gamma\left(\frac{I_g}{Y}\right)_{0,T} + \delta \tag{2.14}$$

其中，δ 为条件变量，包括人力资本、政治稳定性、经济自由度和政府消费性支出占总产出的比率等；β 度量了技术追赶程度（Technological Catch Up）；γ 度量了公共投资对经济增长的影响。运用这种方法所作的研究，其结论大都表明政府的许多投资活动构成了民间生产的投入，同时也提高了民间资本的边际产量。

(5) 结构模型法。结构模型法大都先假定公共投资与经济增长

正相关，然后在一个具有最优化主体的一般均衡框架内，把公共投资作为生产函数的一个自变量，考察公共投资对经济增长的短缺和长期以及对就业的影响。

2.2 衡量中国公共投资产出效率的函数选择

2.2.1 已有的相关研究

我国学者对中国公共投资产出效率的定量分析在近几年逐渐增加，多是从公共投资（财政投资）与经济增长的关系来分析。马拴友[①]利用生产函数法，以1981～1997年的资料为对象，研究了我国公共资本与企业或私人部门经济增长的关系，估算出劳动和公共资本的产出弹性分别为0.35和0.55，私人部门资本的产出弹性为0.65，认为公共资本对促进经济增长有显著的效果，但低于私人部门的效果。刘国亮[②]利用生产函数法，用1996～2000年的数据，对我国政府公共投资对经济增长的影响进行了实证分析，认为政府公共投资比非政府投资的产出弹性大，公共投资中的公共基础设施投资和科研开发及技术服务项目的作用最大，社会服务项目的作用不明显，政府机构及社会团体项目的作用为负。张中华、谢升峰[③]利用分布滞后回归模型和扩展的多马模型，对我国财政投资的绝对和相对供给效应进行了测算，结论是，一方面我国财政投资的绝对供给效应存在且明显；另一方面我国政府资本产出效率的下降、供给总量因素中税收的过快上升、国债直接投资效益的下降以及供给结构的欠合理是影响我国财政投资供给效应发挥作用的重要制约因

① 马拴友：《中国公共资本与私人部门经济增长的实证分析》，载《经济科学》2000年第6期，第21～26页。

② 刘国亮：《政府公共投资与经济增长》，载《改革》2002年第4期，第80～85页。

③ 张中华、谢升峰：《我国财政投资效率评价》，载《财政经济评论》2003年第1期。

素。吴国权、杨义群[①]利用生产函数法对我国公共资本供给实效进行了评估，并利用格兰杰因果检验分析了国债与公共投资之间的因果关系，估算了公共投资的国债增长弹性和国债的公共投资贡献率，结论是1985年后我国公共投资对经济增长有明显的促进作用，国债对公共投资的贡献很大，但呈现下降趋势。郭庆旺、赵志耘、贾俊雪（2005）利用向量自回归和脉冲响应函数分析了我国财政总投资、财政基本建设投资和财政更新改造投资对总产出、全要素生产率、民间总投资、民间基本建设投资和民间更新改造投资的动态影响，结果显示我国财政投资对经济增长具有较显著的促进作用，对民间投资的拉动效应很强。孙群力[②]的研究结果却不同，他运用协整的方法，对我国公共投资、政府消费和经济增长的1978～2004年的相关数据进行了分析，结论是，我国的经济增长、政府消费和政府投资之间存在长期稳定的均衡关系，从长期来看，政府消费对经济增长具有显著的积极影响，而政府投资与经济增长是负相关的。缪仕国、马军伟[③]运用生产函数和协整检验的方法分析了公共资本对我国GDP增长的影响，生产函数法估计的公共资本产出弹性为0.434，协整检验法得出的结果为0.37，结论是我国公共资本具有明显的“生产性”特征，对经济增长具有重要的促进作用。

可见，我国对公共投资产出效率的实证研究多采用了生产函数法，少数研究者运用了向量自回归、脉冲效应等方法。应该说我国学者采用的研究方法是相似的，但分析的结果却存在较大的差异，甚至对立，多数认为公共投资对经济增长具有较大的促进作用，但也有研究结果认为政府投资与经济增长负相关，或是影响弱于民间

① 吴国权、杨义群：《通货紧缩时期国债的公共资本供给实效评估》，载《财经科学》2003年第2期，第74～78页。

② 孙群力：《公共投资、政府消费与经济增长的协整分析》，载《中南财经政法大学学报》2005年第3期，第76～81页。

③ 缪仕国、马军伟：《公共资本对经济增长的影响效应研究》，载《经济学家》2006年第2期，第90～96页。

投资。

2.2.2 函数选择

生产函数法能够比较直接地反映各要素同经济增长的关系，所以被我国许多研究者选做研究工具。本书也选择生产函数法，通过对函数系数的估算及拟合来研究公共投资与经济增长的关系。

传统的生产函数假定产出的增长可以被看做是劳动力投入增长、固定资本投入增长和技术进步共同作用的结果，技术进步是广义的（中性的），以柯布－道格拉斯生产函数表示则有：

$$Y_t = AK_t^{\alpha}L_t^{\beta} \tag{2.15}$$

其中，Y_t、A、K_t、L_t 分别是产出水平、广义技术进步状态、固定资本投入和劳动力投入；α、β 分别为固定资本投入和劳动力投入的产出弹性。本书主要分析公共投资和非政府投资对经济增长的影响，所以将固定资本投入分为公共投资和非政府投资，则有：

$$Y_t = A_tK_t^{\alpha}L_t^{\beta}G_t^{\gamma} \tag{2.16}$$

其中，K_t 仅指非政府投资，不再代表固定资本投入的总体水平；G_t 表示公共投资；γ 为公共投资的产出弹性。

对（2.16）式两边取对数，得到回归模型：

$$\ln Y_t = \ln A_t + \alpha\ln K_t + \beta\ln L_t + \gamma\ln G_t \tag{2.17}$$

2.3 实证分析

2.3.1 数据

（1）公共投资（G_t）的数据。已有的研究成果显示，虽然研究者运用了相似的方法，却得到差异较大的研究结果，其中一个重要的原因是对公共投资的取值不同。刘国亮（2002）和吴国权、杨义群（2003）采用相同的方法对公共投资取值，即除了农林牧渔业、采掘业、制造业、建筑业、批发零售业和餐饮业、金融保险业、房地产业和其他投资外，其他行业的所有基本建设投资都作为公共投资，这一取值不仅包括了政府投资部分，还包括了一些竞争性行业的投资，大大高估了公共投资的规模，其公共投资显著促进经济增长的结论也值得重新分析。孙群力（2005）以国家预算内固定资产投资作为公共投资，得出政府投资与经济增长负相关的结论。预算内固定资产投资虽保证了投资主体是政府，可忽略了同样是政府为主体的预算外投资。郭庆旺、赵志耘、贾俊雪（2005）的分析也采用了全社会固定资产投资中资金来源于预算内的部分。缪仕国、马军伟（2006）认为与经济发展联系紧密的公共投资包括公共基础设施、通讯设施、交通运输、土地开发等，考虑数据的可得性，选择了交通运输、仓储邮电通讯、电力、煤气及水的生产和供应等部门的固定资产投资。尽管一些资金来源不仅仅限于财政资金，但“准”国有的特点也使其可被视为公共投资。

本书界定的公共投资是为提供公共物品而进行的形成固定资产的投资，数据原则上采用政府为主体形成固定资产的投资，但我国的固定资产投资统计中，没有按照投资主体划分的统计数据，选取样本数据存在一定困难。前文所述大口径的公共投资包含了较大比重的非政府投资，高估了公共投资；而小口径公共投资又只考虑了来自预算内的投资，口径过小。考虑到我国财政支出中预算外的投资还有较大一块，本章计量中公共投资的数据采用全社会固定资产投资来源于预算内的部分加上预算外的基本建设投资。

书中选择1982～2005年的数据进行实证分析。对于预算外固定资产投资的统计，我国在1993年以后的统计中将更新改造投资剔除出预算外固定资产投资，为保持口径一致，本书将1992年以前的更新改造投资也剔除掉。计量中，1982年的预算外固定资产投资为估算数据，1996年的数据做了平滑处理。

（2）非政府投资（K_t）的数据。以中国统计年鉴中的全社会固定资产投资减去本章采用的公共投资的数据获得。

（3）产出水平（Y_t）。采用中国统计年鉴公布的1982～2005年的国内生产总值（GDP）。

（4）劳动力投入（L_t）。以中国统计年鉴公布的1982～2005年的就业人数表示。

数据见附表2－1。

2.3.2 估计结果

（1）回归分析。本书运用普通最小二乘法（OLS）对（2.17）式进行回归，回归模型中，分别用Y、L、G、K表示产出水平（Y_t）、劳动力投入（L_t）、公共投资（G_t）和非政府投资（K_t），用LN作为对数符号，D为差分符号。估计结果见表2－1。

表2－1 我国公共投资、非政府投资与经济增长的OLS估计

变量	系数	标准差	T统计量	概率
C	－7.664398	3.711358	－2.065120	0.0521
LNG	0.212685	0.087524	2.430018	0.0246
LNK	0.586038	0.076356	7.675084	0.0000
LNL	1.018851	0.363240	2.804897	0.0109
R-squared	0.995535			
Adjusted R-squared	0.994865			
Durbin-Watson stat	0.634251			
F-statistic	1486.460			
Prob（F-statistic）	0.000000			

从回归结果看，拟合优度（R^2）和修正后的拟合优度分别达到0.9955和0.9949，说明回归模型的拟合度相当高；F统计量1486.460远大于临界值$F_{0.05(3,21)}=3.07$，说明线性关系明显；LNG、LNK和LNL的T统计量都大于临界值$t_{0.05(21)}=2.08$，说明对经济增长都有显著的解释作用；只有DW值略小，检验效果不确定。总体的回归结果较好，其中，公共投资的产出弹性为0.213，对经济增长具较显著的促进作用，但其产出弹性小于非政府投资的0.586，说明在对经济增长的贡献中，公共投资的作用小于非政府

投资，公共投资的产出效率低于非政府投资。

回归的公式表示如下（括号内为 t 统计量）：

$$LNY = -7.6644 + 0.213 \times LNG + 0.586 \times LNK + 1.02 \times LNL \quad (2.18)$$

$$(-2.0651) \quad (2.4300) \quad (7.6751) \quad (2.8049)$$

$R^2 = 0.9955$　　$F = 1486.46$　　$DW = 0.6343$

（2）单位根检验。普通 OLS 对模型进行回归时，一般假设经济变量的时间序列是平稳的。而在实际经济的运行中，经济变量很少是平稳的，所以在假设经济变量是平稳的前提下所做的回归检验，得到的回归结果很可能导致“伪回归”，OLS 回归的结果可能是没有意义的。所以，必须对变量进行时间序列平稳性的单位根检验。本书采用 ADF 单位根检验法，其中滞后项的确定采用使 AIC 和 SC 最小的准则。检验结果见表 2－2。

表 2－2　　变量的 ADF 单位根检验

变量	检验形式（C，T，k）	ADF 统计量	临界值	AIC	SC	结论
LNY	C，T，1	－2.376639	－3.2535*	－3.175197	－2.976826	不平稳
LNL	C，T，0	－1.143703	－3.2474*	－4.112120	－3.964012	不平稳
LNG	C，T，0	－2.143118	－3.2474*	－0.925261	－0.777153	不平稳
LNK	C，T，2	－2.414402	－3.2602*	－1.478810	－1.230115	不平稳
DLNY	C，0，3	－2.862201	－2.6552*	－3.312137	－3.063600	平稳
DLNL	C，0，0	－4.401015	－3.7667***	－3.943728	－3.844543	平稳
DLNG	C，0，1	－5.012862	－3.7856***	－0.888862	－0.739645	平稳
DLNK	C，0，1	－3.179289	－3.0114**	－1.339492	－1.190274	平稳

注：本表中 ADF 检验形式（C，T，k）分别表示单位根检验方程包括常数项、时间趋势和滞后期，0 表示不包括时间趋势，D 表示差分算子，*、**、*** 分别表示 10%、5%、1% 置信水平。

从检验结果可以看出，产出水平、劳动力投入、公共投资和非政府投资的对数值（LNY、LNL、LNG、LNK）的 ADF 统计量都大于相应的临界值，存在单位根，也即这四个变量在时间序列上都是不平稳的，对其进行的最小二乘估计可能存在“伪回归”。不过，即使各个变量是不平稳的，但如果变量间存在长期的均衡关系，其线性组合可能是平稳的。所以，如果变量间存在协整关系，其线性回归一样能解释经济关系。在对各变量的对数值进行一阶差分后再进行的 ADF 检验，发现 DLNY、DLNL、DLNG、DLNK 的 ADF 值分别小于 10%、1%、5% 置信水平下的临界值，序列是平稳的，即 LNY、LNL、LNG、LNK 同属于一阶单整序列，符合协整检验的条件，可以进行协整检验。

（3）协整检验。协整分析的基本思想是，如果两个或两个以上的时间序列变量是非平稳的，但它们的某个线性组合却是平稳的，则这些变量之间存在长期稳定的均衡关系（协整关系）。经济意义在于，对于两个或两个以上具有各自长期波动规律的变量，如果它们之间是协整的，则它们之间存在一个长期的均衡关系。反之，如果这两个或以上变量不是协整的，则它们之间不存在一个长期的均衡关系。

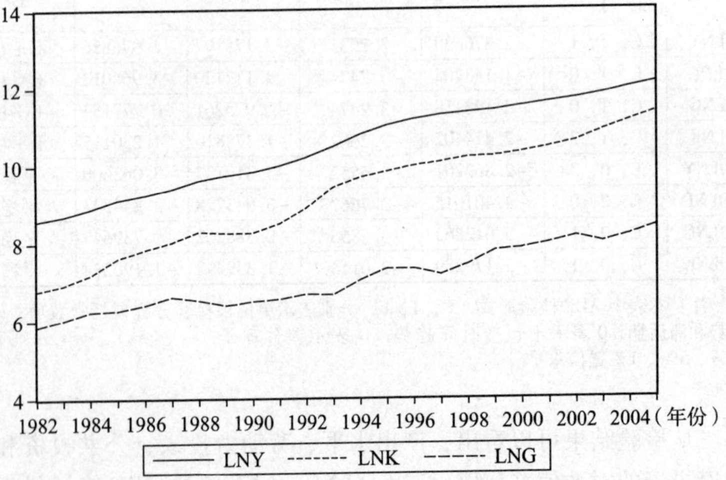

图 2-2 LNY、LNK 和 LNG 的时间序列（1982~2005）

图 2－2 显示 LNY、LNK 和 LNG 之间存在着较明显的均衡关系。对四个变量的对数值进行 Johansen 协整检验，有：

表 2－3　　变量的 Johansen 协整检验结果

特征值	似然比统计量（LR）	5% 水平的临界值	1% 水平的临界值	原假设
0. 575917	49. 89747	47. 21	54. 46	None *
0. 565144	31. 02528	29. 68	35. 65	At most 1 *
0. 304304	12. 70498	15. 41	20. 04	At most 2
0. 193182	4. 722457	3. 76	6. 65	At most 3 *

注：*（**）表示在 5%（1%）置信水平下拒绝原假设的检验；LR 检验值显示在 5% 置信水平下可以表示 3 个协整方程。

表 2－4　　标准化协整系数

LNY	LNL	LNG	LNK	C
1. 000000	－0. 903524	－0. 151472	－0. 583049	5. 930770
	（0. 34825）	（0. 09032）	（0. 07977）	
Log likelihood	137. 3895			

表 2－3 中有 3 个 LR 值大于 5% 置信水平的临界值，拒绝了对应的原假设，说明 LNY、LNL、LNG 和 LNK 存在协整关系，并且至少可表示出 3 个协整方程。

表 2－4 列出了标准化的协整系数，则四变量的长期关系可表示为（括号中为标准差）：

$$LNY = 0.9035LNL + 0.1515LNG + -0.5830LNK - 5.9308 \quad (2.19)$$

$$(0.3483) \quad (0.0903) \quad (0.0798)$$

在（2. 19）式中可看出，公共投资的系数为 0. 1515，对经济增长有一定的促进作用，但系数小于非政府投资的 0. 5830，估计结果与（2. 18）相似，公共投资的产出效率小于非政府投资。

2. 3. 3　结论

通过对 1982～2005 年我国产出水平、劳动力投入、公共投资和非政府投资的数据进行最小二乘估计、单位根检验以及协整分析发现，我国产出水平、劳动力投入、公共投资和非政府投资的数据都是一阶单整的时间序列，使最小二乘估计可能成为“伪回归”，但经过协整分析，发现四个变量间存在协整关系，其长期协整关系同最小二乘估计相似。实证结果表明，我国公共投资对经济增长存在显著的促进作用，但其产出弹性小于非政府投资的产出弹性，即公共投资的产出效率低于非政府投资的产出效率。从前文对公共投资产出效率的 IS - LM 分析可知，公共投资的增加会引起对资金需求的增加，提高利率，从而挤出非政府投资；如果公共投资的产出效率高于非政府投资，则增加公共投资能够大大提高效率。但本书实证分析表明，公共投资的产出效率是低于非政府投资的，所以公共投资的挤出效应所带来的是全社会投资产出效率的损失。

2.3.4 国际比较

关于公共投资对经济增长的影响，在国际上存在较多的实证研究，学者们运用不同的方法，从不同的角度对发达国家和发展中国家的数据进行了实证分析。Aschauer① 采用美国 1949 ~ 1985 年的数据进行分析，估计出公共资本的产出弹性等于 0. 39，对经济增长具有显著的作用，认为该国 1971 ~ 1985 年全要素生产率下降主要是由公共资本增速降低引起的。Easterly 和 Rebelo② 研究了 28 个国家 1970 ~ 1988 年的公共投资与经济增长的关系，得出的结论是公共投资与经济增长正相关。Cazzavillan③ 利用欧洲 12 个国家 1957 ~ 1987 年的数据，得到公共资本的产出弹性为 0. 25，与经济增长显著相

① Aschauer, D. A., Is Government Spending Productive? *Journal of Monetary Economics*, 23, 1989, 177 - 200.

② Easterly, W. and S. Rebelo., Fiscal Policy and Economic Growth: An Empirical Investigation, *Journal of Monetary Economics*, 1993, 417 - 458.

③ Cazzavillan G., Public Capital and Economic Growth in Europe Countries: A panel data approach, Working Paper, 11, 1993, 93 (University of Venice, Venice).

关。Pereira[①]对美国1956～1997年期间的公共投资、私人投资和GDP的关系，利用VAR模型进行了研究，结果表明公共投资对私人产出有着积极的影响，也是促进美国经济长期增长的有力工具。Barro[②]研究了1960～1985年期间98个国家的政府支出与人均GDP增长率，结果是政府消费支出（不含国防和教育）对经济增长有显著的负作用，而公共投资对经济增长没有明显的相关性。

可以看到，国际上对公共投资对经济增长的影响的分析结果也存在着差异，有认为公共投资对经济增长没有明显相关的，但多数研究认为公共投资对经济增长具有显著的促进作用，甚至对私人产出也有促进作用。本书的分析结果表明公共投资对经济增长有明显的促进作用，0.213的产出弹性低于Aschauer估计的美国公共资本0.39的产出弹性，也略低于Cazzavillan估计的欧洲部分国家公共资本0.25的产出弹性。

我国公共投资的产出弹性小于非政府投资，即公共投资对经济增长的贡献小于非政府投资，公共投资因挤出非政府投资而存在效率损失。所以，从长期看，过度地扩张公共投资不利于提高经济效率。

附表2－1

年份	GDP（亿元）	全社会固定资产投资（亿元）	公共投资（亿元）	非政府投资（亿元）	就业人口（万人）
1982	5323.4	1230.4	349.26	881.14	45295
1983	5962.7	1430.1	414.22	1015.88	46436
1984	7208.1	1832.9	512.99	1319.91	48197
1985	9016.0	2543.2	528.88	2014.32	49873
1986	10275.2	3120.6	609.23	2511.37	51282

① Pereira, A. M., Is All Public Capital Created Equal?, *The Review of Economics and Statistics*, 3, 2000, 513－518.

② Barro, R. J., Economic Growth in a Cross Section of Countries, *Quarterly Journal of Economics*, 2, 1991, 407－443.

续表

年份	GDP（亿元）	全社会固定资产投资（亿元）	公共投资（亿元）	非政府投资（亿元）	就业人口（万人）
1987	12058.6	3791.7	747.04	3044.66	52783
1988	15042.8	4653.8	679.73	3974.07	54334
1989	16992.3	4410.4	598.30	3812.10	55329
1990	18667.8	4517.0	660.49	3856.51	64749
1991	21781.5	5594.5	700.59	4893.91	65491
1992	26923.5	8080.1	789.06	7291.04	66152
1993	35333.9	13072.3	773.74	12298.56	66808
1994	48197.9	17042.1	1134.06	15908.04	67455
1995	60793.7	20019.3	1516.55	18502.75	68065
1996	71176.6	22913.5	2116.11	20797.39	68950
1997	78973.0	24941.1	1198.77	23742.35	69820
1998	84402.3	28406.2	1591.37	26814.81	70637
1999	89677.1	29854.7	2391.96	27462.76	71394
2000	99214.6	32917.7	2535.65	30382.09	72085
2001	109655.2	37213.5	2896.42	34317.07	73025
2002	120332.7	43499.9	3420.96	40078.95	73740
2003	135822.8	55566.6	2957.68	52608.94	74432
2004	159878.3	70477.4	3542.19	66935.26	75200
2005	183084.8	88773.6	4475.29	84298.32	75825

注：数据由 2006 年《中国统计年鉴》整理得到，其中公共投资数据为全社会固定资产投资中来源于国家预算内资金的部分加上预算外的基本建设投资，因 1996 年预算外数据的统计口径与其他各年不同，本书在计量中做了平滑处理。

第3章

公共投资宏观效率的经济分析之二

——配置效率分析

3.1 公共投资的配置效率

资源稀缺的问题是经济学研究的重点，如何配置有限的资源，使其能够以最优的方式发挥最大的作用，便是配置效率问题。

经济学上的效率通常指资源配置达到这样一种境地，无法再通过改变资源配置使一部分人的效用提高，而不损害其他人的效用，即帕累托最优（效率）。公共投资的配置效率则是指公共投资的资源配置达到帕累托最优。

3.1.1 公共投资配置效率的均衡条件

帕累托效率实际上是一种资源配置的理想模型，多数情况下资源配置的状态都不具有帕累托效率。但理论上存在一种均衡，使人们在配置资源时，可以以此均衡为目标向帕累托最优改进。帕累托效率所需满足的条件可以通过局部均衡和一般均衡来解释。局部均衡是考察在其他条件不变的情况下，某个孤立市场的均衡情况；一般均衡则放弃了其他条件不变的假定，考察所有市场、所有参与者都相互联系的情况下，所有市场同时达到均衡的情况。公共经济学家用局部均衡和一般均衡分析公共物品市场的帕累托均衡,[①] 公共投资是提供公共物品的经济过程，本质上和公共物品市场相同，所以，本书引用局部均衡和一般均衡方法分析公共投资的帕累托效率。

（1）局部均衡分析。公共投资配置效率的局部均衡就是在假设其他条件不变的情况下，分析单个公共投资项目实现效率的条件。

局部均衡中，为便于分析，假设消费者（社会成员）偏好、收入和除公共投资项目外其他产品的价格是既定的。每个社会成员对于公共投资的消费量都是相同的，就是公共投资总量。所以，对公共投资的个人需求曲线是一种边际支付意愿曲线，反映某一社会成员对某一数量的公共投资给自己带来的效用的评价，或为得到这一数量的公共投资所愿意支付的价格（税收）。社会成员对某一数量的公共投资所愿意支付的价格，等于每个社会成员愿意支付的价格之和，所以，可以将每个人的需求曲线纵向相加，得到公共投资的总需求曲线。图 3 - 1 反映了公共投资配置效率的局部均衡。

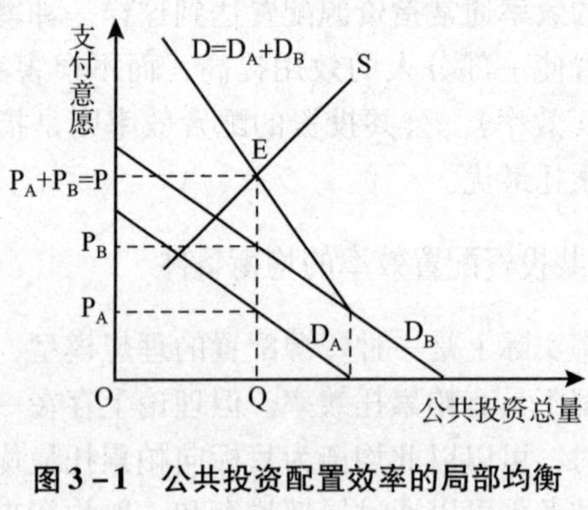

图 3 - 1 公共投资配置效率的局部均衡

① 〔英〕C. V. 布朗、P. M. 杰克逊：《公共部门经济学》（第四版），中国人民大学出版社 2000 年版。

图3-1中，D_A、D_B分别表示A、B两个社会成员对公共投资的需求曲线，D是D_A、D_B纵向相加形成的对公共投资的总需求曲线，S表示公共投资的供给曲线，公共投资的均衡水平在总需求曲线和供给曲线的焦点E上。此时，均衡的公共投资总量为OQ，假设人人都愿意准确表露自己的支付意愿，则均衡的价格（支付意愿）是OP，且$OP = OP_A + OP_B$。个体社会成员在利用私人投资和公共投资时扮演的角色不同，在私人投资市场中，人人都是价格的接受者和产量的调节者；而对于公共投资，则人人都是产量的接受者和价格的调节者（根据自己的意愿支付）。如果社会成员的支付意愿都可以充分地表现，那么他们愿意为享用公共投资所支付的价格之和即为公共投资的效率成本。

局部均衡分析表明，单项公共投资项目达到效率状态的条件是：单项公共投资的成本等于社会成员愿意为此而支付的价格（税收或使用费）之和。如果公共投资的实际支出量大于社会成员愿意支付的价格之和，则表明存在浪费和低效率；若公共投资的实际支出量小于消费者愿意支付的价格之和，则可能存在公共商品的生产不足，或者公共商品存在质量问题。

（2）一般均衡分析。一般均衡分析放弃了保持其他条件不变的假定，把问题扩大到所有公共投资项目和私人投资项目的情况，即从整体上分析公共投资的均衡。

假设一个简单的经济包括两个人——A和B，以及两种产品——私人投资产品X和公共投资产品G，生产可能性曲线PP是既定的。私人投资产品X以供给等于需求的方式在A、B间进行分配（$X_A + X_B = X$），公共投资产品G具有被两人同时全部消费的性质。

图3-2中，个人A对X和G的无差异曲线在（a）中表示，个人B对X和G的无差异曲线在（b）中表示，X_A和X_B分别代表A和B对私人投资产品的消费，PP表示生产可能性曲线。

首先选定A的效用水平，即无差异曲线A_1A_1，需要分析在A的效用水平确定的情况下，B能获得的最佳无差异曲线是什么？

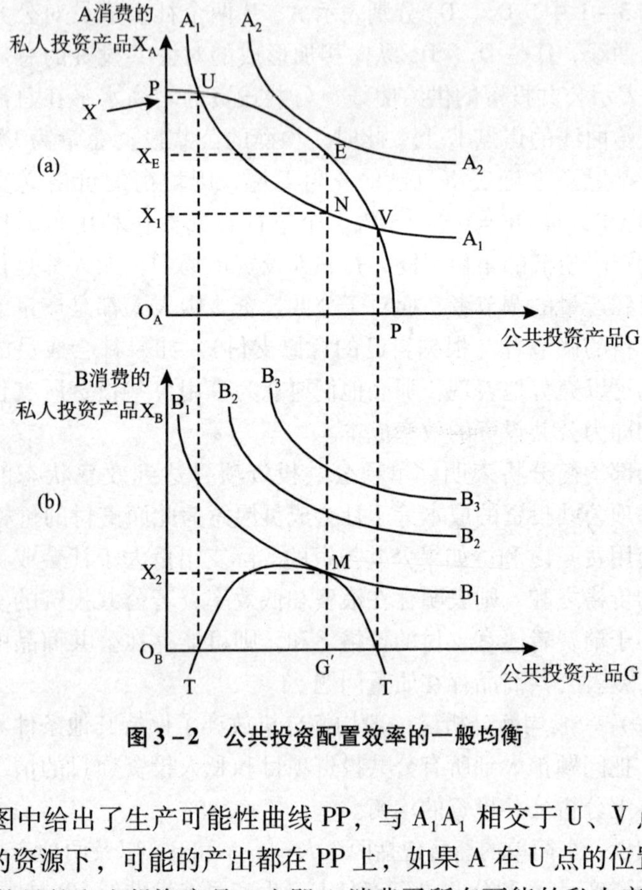

图 3-2 公共投资配置效率的一般均衡

(a) 图中给出了生产可能性曲线 PP，与 A_1A_1 相交于 U、V 点。在既定的资源下，可能的产出都在 PP 上，如果 A 在 U 点的位置消费了 X′数量的私人投资产品，也即 A 消费了所有可能的私人产出，B 的消费组合中便不包括私人投资产品。B 对私人投资产品的消费是生产可能性曲线 PP 纵向减去 A_1A_1 的结果，即（b）图中的 TT。因为公共投资产品的消费对于 A 和 B 是相同，TT 就是 B 对私人投资产品和公共投资产品的消费可能曲线，是可供 B 消费的公共投资产品和私人产品的组合。

如果 A 保持无差异曲线 A_1A_1 的消费水平，能使 B 的效用最大化的 X 和 G 的组合是 B 的无差异曲线 B_1B_1 和消费可能性曲线 TT

的切点M。在（b）图的M点上，B将消费$X_2(=X_E-X_1)$的私人投资产品和G′的公共投资产品，同时A也消费相同的G′的公共投资产品，但A的私人投资产品消费量为X_1（a图的N点）。M点上，B已不可能在不影响A的消费水平的情况下移动到更高的无差异曲线，所以，图中M点和N点表示的组合就是公共投资产品和私人投资产品的帕累托最佳组合。

因为TT是由PP垂直的减去A_1A_1得出的，所以TT的斜率都等于生产可能性曲线PP的斜率减去A_1A_1的斜率。在帕累托最佳组合M点上，B_1B_1的斜率等于TT的斜率，从而可得出帕累托最佳效率的条件是：

$$\text{生产可能性曲线的斜率} = A_1A_1\text{ 的斜率} + B_1B_1\text{ 的斜率} \tag{3.1}$$

生产可能性曲线的斜率即为X和G的边际转换率（MRT），[①] A和B的无差异曲线的斜率即为X和G的边际替代率（MRS），[②] 所以（3.1）式也可表达为：

$$MRT = MRS^A + MRS^B = \sum_{i=1}^{n} MRS(i = A,\ B) \tag{3.2}$$

可见，资源配置的一般均衡条件就是所有社会成员间分配公共投资和私人投资产品的边际替代率之和与资源在公共投资和私人投资间的边际转换率相等，可以表示为：

$$\sum_{i=1}^{n} MRS_{j,k}^{i} = MRT_{j,k} \tag{3.3}$$

其中，i表示消费者人数；j、k分别表示公共投资产品和私人投资产品；j、k=1，…，m。

3.1.2 公共投资配置效率的分析角度

帕累托最优的条件是边际替代率和边际转换率相等，但实际考

---

① 表示社会资源为多生产一个单位的G，必须减少的生产X的数量。

② 表示消费者在同一无差异曲线上，为多消费一个单位的G，所必须减少的X的消费数量。

察中难以确定若干资源间的边际替代率和边际转换率，需要选择可行的角度分析公共投资的配置效率。由帕累托均衡的分析可知，达到帕累托效率时，公共投资量等于所有社会成员愿意为获得公共投资所付出的价格（税收），也即存在一个均衡规模，如果公共投资超过（低于）这一规模，公共投资的资源配置就是低效率的，所以，可以从规模的角度分析公共投资的配置效率。帕累托效率要求资源在公共投资和私人投资间的边际转换率相等，同样，资源在公共投资各部门间配置的边际转换率也应该相等。公共资源在各部门间的分配效率（也即结构效率）是公共投资实现帕累托最优的基本条件。本章将从规模效率和结构效率两个角度对我国公共投资的配置效率进行分析。

（1）规模效率。帕累托均衡表明存在一个可以使公共投资资源配置达到最优的规模。由于存在市场失灵和外部性，公共投资应该在经济发展中发挥积极作用，如果公共投资不足，市场缺陷不能被有效弥补，会影响社会资源配置效率。同时，公共投资占用资源必然会挤出私人投资，又由于公共投资的产出效率低于私人投资（如前文所述），所以，公共投资的规模过度也会降低社会资源配置的效率。研究我国公共投资的规模效率就是研究现有公共投资的规模，分析其达到的效果，寻找适度规模，从宏观上把握公共投资规模，使我国公共投资对资源的配置尽量接近最优规模。

（2）结构效率。如果规模效率是研究公共领域应该占用多大规模的资源，那么结构效率就是研究这些资源应该如何分配，应该向哪些部门、哪些地区配置。

结构效率是指资源配置达到已无法通过结构调整来提高经济产出水平的状态。资源配置达到结构效率，就是资源在各部门和地区的分配是完全合理的，要素组合也是最优的，可以在不改变投资总量的情况下，使各部门产出最多，并可以最大程度地满足社会公共需求。

如果没有约束条件（税收），社会成员对公共投资的需求是无限的，但公共资源是有限的，公共投资不可能面面俱到。决策者必须解决为谁投资、为何投资、如何投资的问题，也即决策者必须考虑以社会需求为导向，合理安排公共资源配置的区域结构、部门结构，比如，在我国需要加大对教育、卫生、环境等领域的公共资源配置力度。

3.2 公共投资的规模效率分析

3.2.1 规模效率的衡量

现实经济中，公共投资很难达到帕累托最优规模，但公共投资不会因此完全无效。公共投资经常存在的状态是处于适度规模中，逐渐向最优规模改进。

(1) 公共投资的适度规模和最优规模。财政学家道尔顿在讨论公共物品提供规模及其结构的决定时，提出了最大社会收益原则(Principle of Maximum Social Gain)，按照最大社会收益原则，公共部门在从事任何活动时，应当选择社会收益最大限度地超过社会成本的方案，并且尽量不从事其收益未超过成本的活动。

考虑以社会总收益和社会总成本来分析公共投资的规模效率。公共投资的社会总收益（Total Social Benefit，TSB）指人们对享用公共投资所得到的总的满足程度；公共投资的社会总成本（Total Social Cost，TSC）指社会为提供公共投资而付出的成本，以税收的形式体现。图3-3反映了公共投资的社会总收益（TSB）和社会总成本（TSC）的关系。图中，社会总收益曲线（TSB）存在边际效益递减的规律，即在公共投资的初始阶段，公共投资有效地弥补了市场缺陷，市场从公共投资中获得大量的收益，单位的公共投资带来的社会价值较大；随着基础设施等公共物品逐渐完备，市场从公共投资的增加中获得的收益逐渐减少，公共投资对私人投资的挤出也逐渐显现，TSB曲线也由陡峭逐渐平缓。不考虑间接成本的情况下，社会总成本曲线（TSC）是由原点出发呈45度角的直线，原因在于公共投资的成本是社会成员为此付出的税收，每增加一个单位的公共投资就需要社会增加一个单位的税收付出。

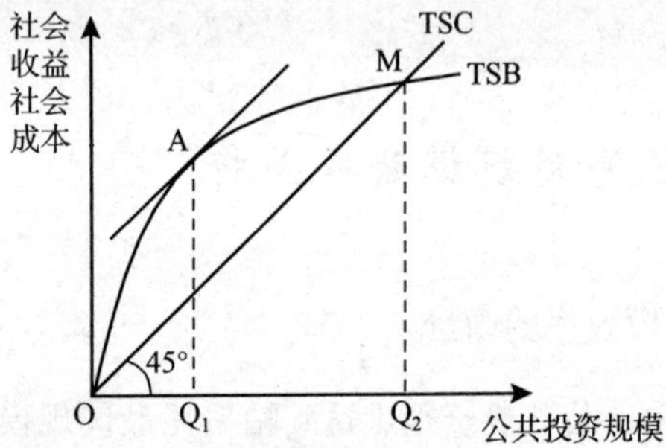

图 3－3　公共投资的适度规模和最优规模

TSB 曲线和 TSC 曲线相交于 M 点，在 M 点左边 TSB 大于 TSC，社会净效益为正；在 M 点右边 TSB 小于 TSC，社会净效益为负。按照最大社会收益原则，公共部门尽量不从事其收益未超过成本的活动，OQ_2 是公共投资的适度规模，即在 OQ_2 之间的公共投资规模都能够带来正的社会收益。A 点上，TSB 曲线的切线与 TSC 曲线平行，即在 A 点上 TSB 与 TSC 曲线的斜率相同（因 TSC 是 45 度角直线，所以斜率同为 1）。由于两曲线的斜率又分别是公共投资的边际收益和边际成本，所以，A 点是公共投资边际收益等于边际成本的点，在 A 点上 TSB 减去 TSC 所得的净收益是最大的。按照最大社会收益原则，社会收益应该最大限度地超过社会成本，OQ_1 是公共投资的最优规模。

（2）投资规模的衡量指标。投资规模可以用绝对指标和相对指标来反映，绝对指标反映投资规模绝对额的大小，相对指标反映投资规模与其他经济指标，主要是与国民经济规模之间的相对关系。

在我国的投资研究中，[①] 反映投资规模的绝对指标主要是年度

① 杨文进：《投资经济学》（第二版），中国财政经济出版社 2004 年版，第 200～201 页。

投资规模和在建投资规模。年度投资规模是一个自然年度内实际完成的固定资产投资总额；在建投资规模是当年所有仍在建设中的投资项目（可能是当年投资的，也可能是以前年度投资尚未完工的）的投资总额。年度投资规模和在建投资规模虽然是反映社会投资规模大小的重要指标，但它们不能充分反映社会对投资规模的承受能力，必须比较当期其他经济指标（如国民收入、社会储蓄等），才能对是否存在规模效率做出判断。动态反映投资规模的大小还需要运用相对指标，主要是投资率，即年度投资规模占当年国内生产总值的比例。投资率能将投资与经济增长紧密联系在一起，并且，既可以进行横向比较又可以进行纵向比较。寻求最优投资规模，实际上就是寻求相应的最优投资率。

公共投资规模也可以采用绝对指标和相对指标来衡量，绝对规模方便纵向比较，分析公共投资的变化规律；相对指标（即公共投资总额占国内生产总值的比例）反映公共投资在社会资源中的配置比例，可以用于寻找公共投资的最优规模。

3.2.2　影响公共投资最优规模的因素

公共投资的最优规模是由公共投资的社会收益和社会成本决定的，对社会收益和社会成本的衡量可以是经济方面的，也可以是社会、文化方面的，所以影响公共投资最优规模的因素包括经济、人口、文化、政治等方面。

（1）经济因素。经济因素是影响公共投资最优规模的最主要、最直接的因素。马斯格雷夫（Musgrave）与罗斯托（Rostow）使用经济发展阶段论来分析公共投资的规模。他们把经济增长分为三个阶段，在经济发展的早期阶段，公共投资在社会总投资中占有较高的比重，公共部门为经济发展提供社会基础设施，如交通、运输、法律、环境、教育等，这些投资对于处在“经济起飞”阶段的国家是必不可少的。当经济发展进入中期阶段，公共投资只是对私人投资的补充，公共投资规模有可能减少，但由于存在市场缺陷，阻碍经济发展，需要政府的干预调节。罗斯托认为，一旦经济达到成熟阶段，公共支出将从基础设施支出转向不断增加的福利、教育支出，且这方面的支出增长将大大超过其他方面的增长，也会快于GDP的增长速度。

（2）人口因素。人口因素是影响公共投资最优规模的一个重要内生变量。从人口数量上看，人口越多，占用资源的人越多，拥挤程度增加，个人效用降低，对基础设施等公共投资的需求量增大，为维持社会经济基本运转的投资也会增加。从人口结构上看，贫富程度不同的人口占有社会资源不同，对公共投资的要求也不同，贫困人口要求基本的生活设施，而富裕人口会有高要求的基础设施；从年龄结构上看，人口的老龄化会降低财政收入规模，从而影响公共投资规模。

（3）文化因素。一个社会的文化传统、价值观念及其内含于人们思想中的行为准则，决定着人们的行为习惯，也决定着人们的需求偏好，影响整个社会对公共投资与私人投资的选择，进而影响公共投资的规模。各国不同的文化环境和不同文化素质的人群直接影响着政府的公共投资偏好，并通过公共选择的渠道决定公共投资的规模。当人们的文化意识、价值观念发生变化的时候，必然会产生对社会公共需要的变化，社会成员会对政府的公共投资产生新的认识，从而可能改变公共投资的投资方式和投资规模。

（4）政治因素。人们的社会需求都需要通过政治渠道传递给执政者，然后由执政者决策以何种方式、何种规模满足社会公共需求。所以，政治的有效性和稳定性决定着政府能否准确地满足社会公共需求，实现公共投资的最优规模。

首先，政局的稳定性是公共投资的基本保障。如果政局不稳定，影响经济发展环境，财政收入降低，可能导致公共投资供给不足，而政局不稳又提高了人们的社会公共需求，造成公共投资供求的矛盾，难以实现最优规模。其次，政府的行政效率是公共投资规模效率的必要条件。当政府行政效率低时，政府提供的公共投资可能不足以满足社会公共需求，形成公共投资规模不足；要满足社会公共需求，政府需要加大公共投资规模，又可能使实际的公共投资规模超过了社会需要，造成浪费。再次，政治选举方式决定着社会成员的需求是否能有效地传递给执政者，如果没有畅通的传递渠道，政府很难准确把握社会公共需求，公共投资趋向最优规模的寻找成本因此增加，形成低效率。

需要指出的是，虽然上述因素都对公共投资的最优规模产生影响，但并不能直接体现公共投资的最优规模。这些因素都会通过一定的渠道反映到经济指标上，比如人口因素——人口的增加会使一些公共物品变得拥挤，需要以收费或是增加投资的方式解决，自然就过渡到了经济指标上；又如文化因素和政治因素——人们会通过公共选择的方式表达自己对公共投资的偏好，直接提出对公共投资的要求。所以，在分析公共投资的最优规模时，主要用影响公共投资的经济因素（指标）就足以衡量公共投资的规模效率了。

3.2.3 公共投资规模效率分析方法

分析公共投资规模效率可以用绝对指标，也可用相对指标，考察公共投资的供求关系是否平衡，或考察其是否符合边际收益等于边际成本的条件。

（1）公共投资支出规模分析。张雷宝①在研究地方政府公共投资规模时采用了供求平衡的方法。考察实际公共投资的支出水平，以人均公共投资比较人均GDP测算出公共投资的供给指数；再以实际存在的人均公共交通水平、人均用水、人均能源消耗、人均绿化、人均卫生等状况，测算公共投资的需求指数。比较供给指数和需求指数，从供求平衡的角度判断公共投资的规模效率状态。

（2）相对指标分析。从已有的分析看，直接分析公共投资的较

---

① 张雷宝：《地方政府公共投资效率研究》，中国财政经济出版社2005年版，第65～104页。

少，多数学者都利用柯布－道格拉斯生产函数分析政府支出占国民产值的比重，来确定政府（财政）支出的最优规模。本文借鉴这一模型分析公共投资的最优规模。

在内生增长理论中，巴罗（Barro）把公共部门引入具有规模报酬不变的柯布－道格拉斯生产函数中，建立了一个以政府支出为中心的内生增长模型，并得出一个最优财政支出规模。Futagami① 扩展了巴罗的模型，将政府资本包含其中，分析了公共投资流量对经济增长的影响。国内学者主要从财政支出占 GDP 的比重分析政府公共支出规模，侯荣华②在分析财政支出规模和财政收入规模的关系中，运用横截面法和时间序列法对生产函数模型进行分析，测算财政支出占 GDP 和财政收入的比重。马拴友③、张明喜和陈志勇④对生产函数运用最小二乘法，估计财政支出占 GDP 的比重来确定最优规模。马树才和孙长清⑤对生产函数中的各变量运用协整分析方法，估计财政支出的产出弹性，确定最优规模。

按照巴罗的理论，假定国民经济总产出的生产函数为：

$$Y = F(N, K, G) \tag{3.4}$$

其中，Y 是真实产出；N 是就业数量；K 是期初的（私人和公共）资本存量；G 是政府的公共投资。

对生产函数求关于时间的导数，有：

$$Y' = \frac{\partial Y}{\partial N}N' + \frac{\partial Y}{\partial K}K' + \frac{\partial Y}{\partial G}G' \tag{3.5}$$

两边同除以 Y，有：

---

① Koichi Futagami，"Dynamic Analysis of Endogenous Growth with Public Capital"，*The Scandinavian Journal of Economics*，4，1993，607－625.

② 侯荣华：《中国财政支出效益研究》，中国计划出版社 2001 年版，第 14～33 页。

③ 马拴友：《政府规模与经济增长：兼论中国财政的最优规模》，载《世界经济》2000 年第 11 期，第 59～64 页。

④ 张明喜、陈志勇：《促进我国经济增长的最优财政支出规模研究》，载《财贸经济》2005 年第 10 期，第 41～45 页。

⑤ 马树才、孙长清：《经济增长与最优财政支出规模研究》，载《统计研究》2005 年第 1 期，第 15～19 页。

$$\frac{Y'}{Y}=\frac{\partial Y}{\partial N}\frac{N'}{Y}+\frac{\partial Y}{\partial K}\frac{K'}{Y}+\frac{\partial Y G'}{\partial G\,Y} \tag{3.6}$$

设 g 为公共投资的增量，则$\frac{G'}{G}=\frac{g'}{g}\Rightarrow G'=\frac{g'}{g}G$，代入（3.6）式，整理得：

$$\frac{Y'}{Y}=\frac{\partial Y}{\partial N}\frac{N}{Y}\frac{N'}{N}+\frac{\partial Y}{\partial K}\frac{K'}{Y}+\frac{\partial Y}{\partial G}\frac{G}{Y}\frac{g'}{g} \tag{3.7}$$

设 $a=\left(\frac{\partial Y}{\partial N}\right)\left(\frac{N}{Y}\right)$是就业产出弹性，$MPK=\frac{\partial Y}{\partial K}$是资本的边际产出，$MPG=\frac{\partial Y}{\partial G}$是公共投资的边际产出，代入（3.7）式，得：

$$\frac{Y'}{Y}=a\left(\frac{N'}{N}\right)+MPK\left(\frac{K'}{Y}\right)+MPG\left(\frac{G}{Y}\right)\left(\frac{g'}{g}\right) \tag{3.8}$$

公共投资规模最优的条件是 MPG = 1。如前文所述，政府每提供一个单位的公共投资，需要使用一个单位的资源，公共投资的社会成本曲线是由原点出发的 45°线，即公共投资的边际成本为 1。公共投资的边际收益（也是边际产出）是 $MPG=\frac{\partial Y}{\partial G}$，那么按照边际成本与边际收益相等原则，在不存在扭曲性税收的情况下，决定公共部门规模的最优规模条件是边际收益等于边际成本等于 1，即 MPG = 1。若 MPG > 1，表明政府所提供的公共投资不足；若 MPG < 1，则表明公共投资规模过度。

巴罗在引入公共部门的单部门内生增长模型分析中，对比政府的规模和人均经济增长率之间的关系，推导出公共服务的边际产出 $\frac{\partial Y}{\partial G}=1$ 是政府规模最优的条件，称之为自然效率条件。①

因此，可以推出公共投资的最优规模。设 $\gamma=\left(\frac{\partial Y}{\partial G}\right)\left(\frac{G}{Y}\right)$为公共

① 〔美〕罗伯特 J · 巴罗、哈维尔 · 萨拉伊马丁：《经济增长》，中国社会科学出版社 2000 年版，第 138 ~ 142 页。

投资的产出弹性，$s=\frac{G}{Y}$为判断公共投资规模的相对指标，可知 $MPG=\frac{\gamma}{S}$，也即当 MPG=1 时，$s=\gamma$，公共投资达到最优规模，将 γ 代入（3.8）式中，得到产出方程：

$$\frac{Y'}{Y}=a\left(\frac{N'}{N}\right)+MPK\left(\frac{K'}{Y}\right)+\gamma\left(\frac{g'}{g}\right) \tag{3.9}$$

其中，γ 的估计值就是以公共投资占国民产值比例表示的公共投资的最优规模。

3.2.4　我国公共投资的规模效率分析

（1）估计模型。为简化对最优规模的估计，本文运用一个简单的“AK”生产函数进行分析。设生产函数方程为：

$$Y=AK^{\alpha}N^{\beta}G^{\gamma} \tag{3.10}$$

其中，Y 代表国民产值；A 是常数，代表一定的广义技术水平；K 代表资本存量；N 代表就业人数；G 代表公共投资规模。α、β、γ 分别代表资本存量、就业水平和公共投资的边际产出弹性。

对（3.10）式两边取对数得：

$$\ln Y=\ln A+\alpha\ln K+\beta\ln N+\gamma\ln G \tag{3.11}$$

其中 $\gamma=\left(\frac{\partial Y}{\partial G}\right)\left(\frac{G}{Y}\right)=MPG\left(\frac{G}{Y}\right)$，即当 MPG=1 时，$\gamma$ 就是以相对指标表示的公共投资的最优规模。

本书对上述四个变量进行协整关系分析，通过寻找其长期均衡关系确定各变量的系数。

（2）样本数据说明。对我国公共投资规模效率的分析，本书采用国家统计局公布的 1982~2005 年的数据。

公共投资的样本数据，采用国家统计年鉴中 1982~2005 年的固定资产投资部分及财政预算外支出部分。公共投资等于固定资产投资来源于预算内的部分加上预算外财政支出中的基本建设投资部分。因为 1993 年以后的统计对预算外支出进行调整，更新改造投资不再纳入预算外固定资产投资，为保持口径一致，本书将 1992 年以前的更新改造投资也进行了剔除。在分析模型中以“G”表示公共投资。

国民产值的样本数据，选取中国统计年鉴中 1982 ~ 2005 年的国内生产总值（GDP）数据。分析模型中，以“Y”代表实际 GDP 数据。

资本存量的样本数据，选取中国统计年鉴中“支出法国内生产总值”中的资本形成总额，分析模型中以“K”表示。

就业人数样本数据，选取中国统计年鉴中公布的就业人员数量。分析模型中以“N”表示。

数据主要来自 2006 年中国统计年鉴，预算外基本建设投资根据以前年度统计年鉴总结而来，所用的样本数据见表 3－1。

文中以“ln”表示对数符号，以“D”表示差分符号。

表 3－1　　公共投资规模效率分析的样本数据　单位：亿元，万人

年份	GDP	资本形成总额	就业人口	公共投资
1982	5323.4	1784.2	45295	349.26
1983	5962.7	2039.0	46436	414.22
1984	7208.1	2515.1	48197	512.99
1985	9016.0	3457.5	49873	528.88
1986	10275.2	3941.9	51282	609.23
1987	12058.6	4462.0	52783	747.04
1988	15042.8	5700.2	54334	679.73
1989	16992.3	6332.7	55329	598.30
1990	18667.8	6747.0	64749	660.49
1991	21781.5	7868.0	65491	700.59
1992	26923.5	10086.3	66152	789.06
1993	35333.9	15717.7	66808	773.74
1994	48197.9	20341.1	67455	1134.06
1995	60793.7	25470.1	68065	1516.55
1996	71176.6	28784.9	68950	2116.11
1997	78973.0	29968.0	69820	1198.77

续表

年份	GDP	资本形成总额	就业人口	公共投资
1998	84402.3	31314.2	70637	1591.37
1999	89677.1	32951.5	71394	2391.96
2000	99214.6	34842.8	72085	2535.65
2001	109655.2	39769.4	73025	2896.42
2002	120332.7	45565.0	73740	3420.96
2003	135822.8	55963.0	74432	2957.68
2004	159878.3	69168.4	75200	3542.19
2005	183084.8	79559.8	75825	4475.29

注：表中数据来自于2006年及以前年度《中国统计年鉴》，其中GDP和资本形成总额是新调整的数据。

（3）单位根检验。分析中选择的经济变量均属于时间序列，在实际经济的运行中，经济变量很少是平稳的，如果不平稳，则可能出现“伪回归”，使分析结果失去价值。所以需要对经济变量进行单位根检验，判断变量的平稳性。对变量取对数，分别得到lnY、lnK、lnN、lnG，再对对数值进行一阶差分，得到DlnY、DlnK、DlnN、DlnG。本书使用eviews软件，采用ADF单位根检验法，其中滞后项的确定采用使AIC和SC最小的准则。检验结果见表3-2。

表3-2　变量的ADF单位根检验

变量	检验形式（C，T，k）	ADF统计量	临界值	AIC	SC	结论
lnY	C，T，1	-2.376639	-3.2535*	-3.175197	-2.976826	不平稳
lnK	C，T，1	-2.520604	-3.2535*	-2.067780	-1.869408	不平稳
lnN	C，T，0	-1.143703	-3.2474*	-4.112120	-3.964012	不平稳
lnG	C，T，0	-2.143118	-3.2474*	-0.925261	-0.777153	不平稳
DlnY	C，0，3	-2.862201	-2.6552*	-3.312137	-3.063600	平稳
DlnK	C，0，1	-2.679887	-2.6457*	-1.840546	-1.691329	平稳
DlnN	C，0，0	-4.401015	-3.7667***	-3.943728	-3.844543	平稳
DlnG	C，0，1	-5.012862	-3.7856***	-0.888862	-0.739645	平稳

注：本表中ADF检验形式（C，T，k）分别表示单位根检验方程包括常数项、时间趋势和滞后期，0表示不包括时间趋势，D表示差分算子，*、**、***分别表示10%、5%、1%置信水平。

由表 3－2 可知，变量对数值的 ADF 统计量都不小于临界值，变量存在单位根，lnY、lnK、lnN、lnG 在时间序列上都是不平稳的，对其进行线性回归可能存在伪回归。但如果变量间存在长期稳定关系，仍然可以进行协整分析。在对变量的对数值进行一阶差分后，DlnY、DlnK、DlnN、DlnG 的 ADF 统计量都分别小于置信水平为 10% 和 5% 的临界值，即一阶差分后的变量不再存在单位根，时间序列变得稳定了。所以 lnY、lnK、lnN、lnG 同属于一阶单整序列，符合协整条件，可以进行协整检验。

（4）协整检验。有些时间序列本身是不平稳的，但其某种线性组合却是平稳的，这个线性组合反映了变量之间的长期稳定的比例关系，这就是协整关系。对多变量的协整检验，一般采用 Johansen 协整检验法。本书使用 eviews 软件对变量进行 Johansen 协整检验，得到表 3－3。

表 3－3　变量的 Johansen 协整检验结果

变量	特征值	似然比统计量（LR）	5% 水平的临界值	1% 水平的临界值	原假设
lnG、lnY lnK、lnN	0.795629	71.26665	47.21	54.46	None **
	0.657275	37.92246	29.68	35.65	At most 1 **
	0.367199	15.43511	15.41	20.04	At most 2 *
	0.242253	5.825519	3.76	6.65	At most 3 *

注：*（**）表示在 5%（1%）置信水平下拒绝原假设的检验，变量 lnG、lnY、lnK、lnN 的 LR 检验值显示在 5% 置信水平下有 4 个协整方程。

由表 3－3 可知，反映公共投资与 GDP 关系的变量 lnG、lnY、lnK、lnN 之间存在着协整关系，并且在 5% 置信水平下可以表达 4 个协整方程。只考虑仅有一个协整关系假定下的经过标准化的协整系数，如表 3－4 所示。

表 3－4　　lnG、lnY、lnK、lnN 的标准化协整系数

lnY	lnG	lnK	lnN	C
1. 000000	－0. 076847 （0. 02828）	－0. 765533 （0. 03101）	－0. 941412 （0. 12819）	7. 752911
Log likelihood	157. 0120			

表 3－4 表示包含公共投资的各变量间的协整关系。将表中的协整关系写成数学表达式，并令其等于 vecm，得：

$$Vecm = \ln Y - 0.0768\ln G - 0.7655\ln K - 0.9414\ln N + 7.7529 \tag{3.12}$$

对序列 vecm 进行单位根检验，发现已是平稳序列，且取值在 0 附近上下波动，如图 3－4。

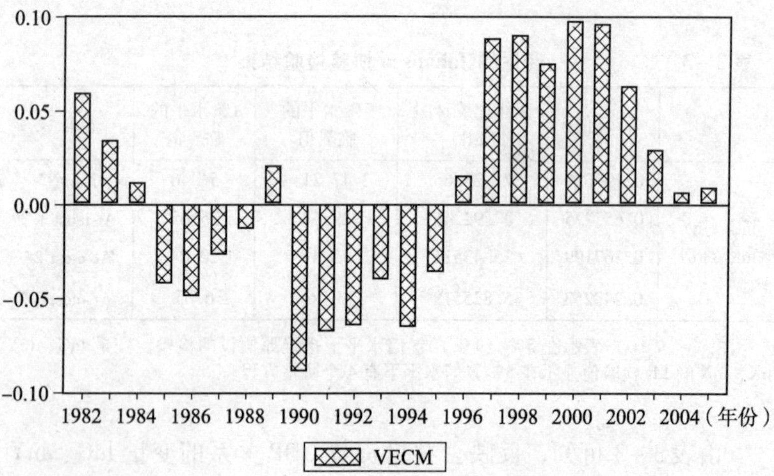

图 3－4　包含公共投资的 vecm 的取值

令 vecm＝0，则变量的长期均衡关系可表示为：

$$\ln Y = 0.0768\ln G + 0.7655\ln K + 0.9414\ln N - 7.7529 \tag{3.13}$$

lnG 的系数 0.0768 即为公共投资的产出弹性系数 γ，即当 MPG = 1 时，公共投资占 GDP 的比重为 7.68%，是公共投资的最优规模。

（5）结论。对 lnG、lnY、lnK、lnN 进行协整检验，结果验证 GDP 与包括公共投资的经济变量之间存在长期的均衡关系，并且得到结论：当公共投资的边际收益等于边际成本等于 1（MPG = 1）时，公共投资的最优规模是占 GDP 的 7.68%。

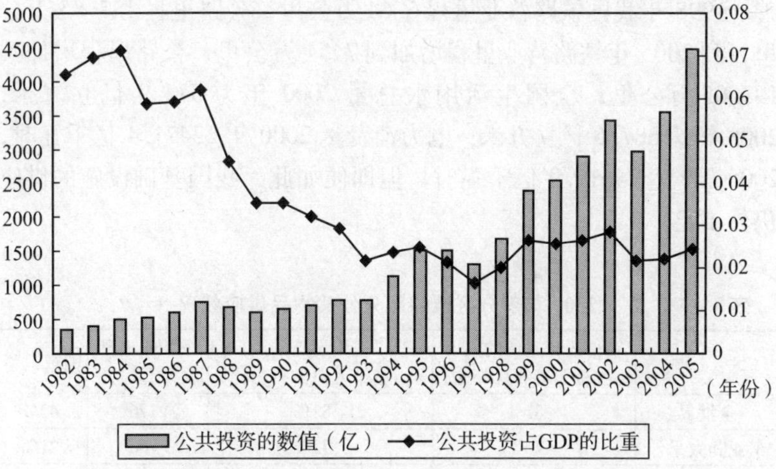

图 3－5　1982～2005 年我国公共投资占 GDP 的比重

图 3－5 显示了 1982～2005 年我国公共投资的数值和占 GDP 的比重，1982 年以来我国公共投资的绝对值逐年增大，尤其是 1998 年以后因为实施了积极的财政政策，公共投资规模明显增大。但因为增幅小于 GDP 的增幅，公共投资占 GDP 的比重不增反降，2005 年我国公共投资占 GDP 的比重只有 2.44%，远低于 7.68% 的最优规模。我国经济处于快速发展阶段，随着经济增长，社会公众对公共物品的需求也会增加，但我国目前公共物品的供应尚存在规模投资不足。

3.2.5 公共投资规模不足表现为基本的社会公共需求尚未满足

虽然自1998年以来我国公共投资规模不断扩大，但距最优规模尚有较大差距。从具体效果上看，规模不足表现为我国社会公共需求（甚至基本的社会需求）尚未得到有效满足。

（1）基础设施供应不足。应该说，1998年我国实施积极财政政策以来，公共投资规模迅速扩大，我国基础设施得到了很大的改善。1998年我国铁路营业里程6.64万公里，公路里程127.85万公里，到2005年铁路营业里程增加到7.54万公里，公路里程增加到193.05万公里；全国生活用水总量2000年为574.9亿立方米，2005年达687.6亿立方米；电力消费量2000年13471.4亿千瓦时，2005年[①]达24619.9亿千瓦时。但即便如此，我国基础设施的供应仍然不足。

表3－5　　2000年部分区域的部分公共物品供应状况

区　域	获得改善水源的人口（占总人口的百分比）	获得卫生设施的人口（占城市人口的百分比）	人均用电量（千瓦时）	铺敷道路
全世界	81%	81%	2176	43%
东亚和太平洋	76%	72%	760	21%
下中等收入国家	80%	80%	1193	53%
加拿大	100%	100%	15620	35%
澳大利亚	100%	100%	9006	39%
英国	100%	100%	5601	100%
印度	84%	61%	355	46%
中国	75%	68%	827	22%

注：资料来自世界银行2003年《世界发展数据手册》，其中下中等收入国家为人均收入在745～2975美元的国家，铺敷道路为用混凝土浇筑的或大卵石铺成的，以碎石和碳氧化合黏结料或用沥青铺敷路面的道路占一国所有道路的百分比。

① 2005年电力消费量为估算数。

表3-5反映了2000年部分区域的部分公共物品的供应状况，可以看到，虽然我国公路、铁路里程大大增加，但铺敷道路只占所有道路的22%，不仅低于世界平均的43%，[①] 也低于和我国国情相似的印度。我国电力消费量近年来增加迅速，到2005年，人均电力消费量已达1758.5千瓦时，但仍低于全球2000年的平均水平(2176千瓦时)。我国生活用水总量大有提高，但获得改善水源的人口占总人口的百分比只有75%（发达国家这一比率是100%），低于世界水平，低于东亚水平，低于和我国经济水平相当的下中等收入国家水平，也低于经济水平落后于我国的印度，还有很多居民的生活需求尚未得到满足。

（2）医疗卫生供应不足。我国自1997年推动了医疗卫生事业的改革，医疗设施得到较大的发展，1997~2005年，我国卫生机构数量由315033个降低到298997个，但医院、卫生院床位却由286.9万张增加到313.5万张。由表3-6可以看到，虽然我国医疗卫生设施有所改善，获得卫生设施的人口占城市人口的百分比只有68%，低于世界水平的81%，低于东亚和太平洋地区的72%，而发达国家这一比率为100%。如果考虑占我国人口57%的农村人口，这一比率会更低。另外，我国还存在着看病难、看病贵等问题，我国居民的医疗卫生需求远未得到满足。

（3）义务教育未能全面实施。到2005年，我国初中和小学在校生人数为1.65亿人，而当年初中和小学的适龄人数是1.93亿人，[②] 在校生人口占适龄人口的比重为85%。[③] 义务教育没有在我国全面实施，问题主要在农村。2005年12月23日，国务院常务会议提出了深化农村义务教育保障机制改革的主要内容。一是从2006

---

① 加拿大和澳大利亚铺敷道路比例低的原因是两国地广人稀，荒野的道路标准较低。

② 因为我国统计数据中只公布了5~14岁的人口数量，本书用了2003年统计的5~14岁人口数，到2005年正是7~16岁的初中、小学适龄年龄。

③ 这个计算结果不同于中国统计年鉴中公布的小学净入学率99%和初中入学率95%。

年开始，全部免除西部地区农村义务教育阶段学生学杂费，2007 年扩大到中部和东部地区；对贫困家庭学生免费提供教科书并补助寄宿生生活费。未来我国仍需要加大对义务教育、基础教育方面的投入。

3.3 公共投资的结构效率分析

3.3.1 公共投资结构效率的理论基础

（1）结构效率的帕累托解释。帕累托效率的条件之一是边际转换率相等（且等于边际替代率）。当公共投资各部门投入要素的边际转换效果都相同时，每个部门的投资产出都能达到帕累托最优，实现了资源在每个部门的最优配置，也就实现了结构效率，即已无法通过对资源的结构调整来提高经济的产出水平。

假设一个经济给定了劳动和资本两个要素的供应（$\bar{L}$ 和 $\bar{K}$），用于公共部门 X 和 Y 的投资。假定两部门的投资只依靠劳动和资本两要素。在劳动和资本数量一定的情况下，每个公共部门都有能使其投资达到最大产出的资源配置，这个使每个部门都达到最大产出的资源配置就是资源配置的结构效率。

图 3-6 是一个埃奇沃思盒子，反映了两要素在两个公共部门投资间的资源配置。横轴表示劳动（L），纵轴表示资本（K），以 O_X 和 O_Y 为原点来衡量 X 和 Y 两部门公共投资对要素 L 和 K 的使用量。

横轴和纵轴的长度分别为 $\bar{L}$ 和 $\bar{K}$。假定劳动和资本被充分利用，则埃奇沃思盒子中任意一点都代表了投资于 X 和 Y 的要素的特定配置。图中 e 点，对于部门 X 来说，代表占用了 L_X 和 K_X 的资源；对于部门 Y 来说，代表占用了 L_Y 和 K_Y 的资源。并且，$L_X + L_Y = \bar{L}$；$K_X + K_Y = \bar{K}$。

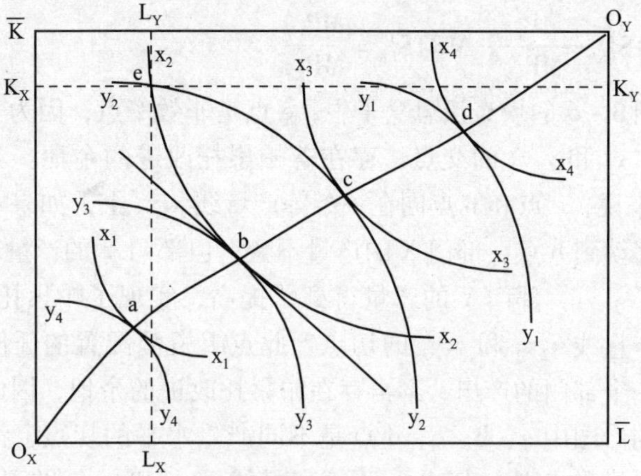

图 3-6 两要素在两个公共部门的资源配置

xx 代表以 O_X 为原点画出的投资于部门 X 的等产量线，凸向原点，由 1 到 4，越向右，产出越多。每条等产量线代表了获得给定产出水平 X 所需要的 L_X 和 K_X 的组合。同样，yy 线代表了从 O_Y 点开始度量的 Y 的等产量线，向左下方移动越多，产出越多。这些等产量线代表了获得给定产出水平 Y 所需要的 L_Y 和 K_Y 的组合。等产量线上任意一点的斜率表示为了保持给定水平的产出，补偿 L 的减少而需要增加的 K 的数量，被称为 K 对 L 的边际技术替代率。$MRTS_{LK}^X$ 和 $MRTS_{LK}^Y$ 分别表示 X 和 Y 部门的边际技术替代率。$MRTS_{LK}$ 指投资中最后一单位劳动与最后一单位资本之间的相对价值（边际技术替代率等于两部门投资的边际转换率 MRT_{XY}①）。一个部门投资中劳动的一次增加所产生的价值可用产出的增加表示，即劳动的边际产量，用 MP_L 表示；资本一次增加所产生的价值即是资本的边际产量，用 MP_K 表示。因此有：

---

① 详见鲍德威、威迪逊所著：《公共部门经济学》（第二版），中国人民大学出版社 2000 年版，第 21～22 页。

$$MRTS_{LK}^{X}=\frac{MP_{LX}}{MP_{KX}},\ MRTS_{LK}^{Y}=\frac{MP_{LY}}{MP_{KY}}$$

在图3-6的埃奇沃思盒子中，e点是非效率点，因为e点是等产量线 x_2x_2 和 y_2y_2 的交点，存在着帕累托改进的余地。对于公共部门X来说，e点和b点同在一条等产量线 x_2x_2 上，如果资源分配由e点移动到b点，部门X的产量不变，但部门Y的产量却由 y_2y_2 增加到了 y_3y_3，部门Y的产量得到了提高，实现了帕累托改进。b点是等产量线 x_2x_2 和 y_3y_3 的切点，此点上资源配置的任何变化都会减少一个部门的产出，不再存在帕累托改进的余地，因此是帕累托最优的。图中a、b、c、d点是不同产量水平的切点，都不存在帕累托改进的余地。切点上两等产量线 x_2x_2 和 y_3y_3 的斜率相同，即 $MRTS_{LK}^{X}=MRTS_{LK}^{Y}$。

由上述可知，当两部门的边际技术替代率相等时，两部门都达到最大产量，实现了资源配置结构的最优。将两部门概念拓展到所有公共部门，实现结构效率的条件是，所有部门的任意两种生产要素的边际技术替代率都相等。

（2）政府职能与结构效率。帕累托最优在理论上分析了结构效率实现的条件，实践中结构效率主要通过公共资源在各部门、各区域的分配来实现，取决于政府职能。

政府是公共投资的主体。虽然政府行为要由权力机关监督，并通过一定政治程序经公共选择来决定，但最终政府是公共投资的实际决策者和执行者。政府在国家发展的不同阶段有着不同的职能和行政目标，而对公共资源的运用是政府实现职能的重要手段。所以，公共投资的结构效率实际上取决于政府的职能。

政府职能及范围的变化直接影响着公共支出的结构，一般认为政府具有双重职能：政治统治职能和社会管理职能。政治统治职能以社会管理职能为基础，社会管理职能以政治统治职能为目的。政府的社会管理职能的内容极为丰富，包含经济、社会、文化、教育等多方面内容，具体到公共支出方面，主要体现为经济增长、社会稳定和资源配置。政府职能在一国经济发展的不同阶段有着不同的侧重。在国家经济发展初期，政府职能侧重于经济增长，公共支出的范围主要是交通、水利等基础设施，为发展经济服务；经济发展中期，贫富差距加大，社会问题、公平问题凸显，社会稳定成为政府的主要职能；到经济成熟期，政府职能则侧重于资源的配置，以提高人们生活质量为目标，尽量实现资源配置的帕累托最优。我国实现了从计划经济向社会主义市场经济的转变，政府职能也发生了转变。计划经济时期，国家重视经济职能的实现，政府调动几乎全部资源用于生产建设，推崇“生产性财政”，政府承担了所有的社会投资。社会主义市场经济体制下，政府正逐步减少对资源的占用，主要职能转向社会服务。

可以看到，不管处于什么阶段，政府职能的转变都围绕着社会公共需求的转变。经济发展初期，人们的主要社会需求是发展经济，提高生活水平；经济发展中期，人们生活基本上有了保障，主要需求转变成了减少社会不公平；经济成熟阶段，经济发展稳定，人们的社会需求转变为进一步提高生活质量。政府行使职能就是通过资源在各个方面的分配达到发展经济、稳定社会的目的，其最终目标是为了满足社会公共需求。所以，公共投资的结构效率其实就是通过对公共资源的配置，政府能够满足社会公共需求的程度。

3.3.2 公共投资结构效率的分析方法

对公共投资结构效率的研究方法，可以参考现有的财政支出结构研究和资本配置效率研究的方法。

（1）对财政支出最优结构研究的方法。现有的对结构效率的研究，主要集中在财政支出上。主要方法是将财政支出分成不同的构成，运用不同的计量工具考察各项财政支出与国民经济的关系，分析其发挥的效用。

侯荣华[①]采用了比较静态和动态两种方法分析结构效率。

比较静态分析法是弹性分析法，其假定全部国内生产总值都是财政资金的产出贡献，假定生产函数的形式是：

$$GDP = AF_1^{a_1}F_2^{a_2}\cdots F_n^{a_n}e^{u_1} \tag{3.14}$$

式中 GDP 表示国内生产总值，F_1、F_2、F_n 分别表示按某一标准进行分类的财政支出结构中第 1、第 2、第 n 个财政支出项目，A、a_1、a_2、a_n 为待估参数，u_1 表示对 GDP 的随机变量及其他因素对 GDP 的影响。对（3.14）取对数，有

$$\ln GDP = \ln A + a_1\ln F_1 + a_2\ln F_2 + \cdots + a_n\ln F_n + u_1 \tag{3.15}$$

则财政支出结构中各项支出的产出弹性分别为：

$$E_{GDPF_1} = \frac{\partial\ln GDP}{\partial\ln F_1} = a_1,$$

$$E_{GDPF_2} = \frac{\partial\ln GDP}{\partial\ln F_2} = a_2,$$

$$\cdots$$

$$E_{GDPF_n} = \frac{\partial\ln GDP}{\partial\ln F_n} = a_n \tag{3.16}$$

分别表示财政支出结构中的某一部分增加 1% 时所引起的 GDP 增加的百分数，从而描述财政支出结构的效率。

动态分析方法考虑了结构变动对经济发展的影响，分析财政支出结构的变动带来的经济增长的变动。动态分析法和比较静态分析法思路相同，只是将经济变量看成是时间的函数，分析研究的是整个经济系统运行变化的过程。[②]

郭庆旺、吕冰洋、张德勇[③]将财政支出划分为生产性支出和非生产性支出，生产性支出又细分为人力资本投资、物质资本投资和

① 侯荣华：《中国财政支出效益研究》，中国计划出版社 2001 年版，第 62 ~65 页。

② 具体方法见侯荣华主编：《中国财政支出效益研究》，中国计划出版社 2001 年版，第 63 ~65 页。

③ 郭庆旺、吕冰洋、张德勇：《财政支出结构与经济增长》，载《经济理论与经济管理》2003 年第 11 期。

科学研究支出。利用格兰杰因果检验等方法估计出各项财政支出与经济增长率的关系模型，得到结论财政人力资本投资比物质资本投资更能提高经济增长率，用于科学研究的支出所带来的经济增长远远高于物质资本投资和人力资本投资所带来的经济增长。曾娟红、赵福军①在内生增长经济模型中引入财政支出变量，将经济建设支出、社会文教支出、国防支出、行政管理支出放入生产函数中，估计出了各项支出的弹性系数，得出结论，认为我国财政支出结构中经济建设支出和行政管理支出的比重过大，社会文教支出和国防支出的比重偏低。国涓、陈蜀豫②建立一个多变量协整与误差修正模型，对中国财政支出结构与经济增长的短期和长期关系进行实证分析。结果证明，生产性支出与经济增长负相关，说明中国的基本建设支出已经超过了最优值；非生产性支出与经济增长正相关，说明有选择地增加这方面的支出能够促进经济的增长，尤其应该增加农业部门事业费和支援农业生产项目的支出。孙长清、李晖③将财政支出的购买性支出（资本性支出和消费性支出）和转移性支出放入生产函数，进行了回归分析，结果认为基本建设支出和行政管理费支出与经济增长负相关。

（2）资本配置效率研究的方法。资本配置效率是以资本的边际产出率或资金在不同部门间的流动来衡量的配置效率，其研究方法对公共投资结构效率的研究具有一定的借鉴作用。

目前，主要有两种理论方法来衡量社会总资本在各行业间的配置效率。第一种方法的基本思路是：资金在具有不同效率的行业间流动时，将使各行业的资本边际产出率趋于相等。因此，可用各行业的资本边际产出率的差别程度来判断一国的资本配置效率。这种

---

① 曾娟红、赵福军：《促进我国经济增长的最优财政支出结构研究》，载《中南财经政法大学学报》2005年第4期。

② 国涓、陈蜀豫：《中国财政支出结构优化与经济增长关系的实证分析》，载《大连海事大学学报（社会科学版）》2006年9月。

③ 孙长清、李晖：《基于经济增长的财政支出最优化》，中国经济出版社2006年版，第159~167页。

研究方法的不足是，研究中涉及各行业的生产函数的选择，生产函数的选择将直接决定所计算的行业资本边际产出率的准确性。另外，此方法只能考察某项措施实施后资本配置效率是否得到提高，而无法给出资本配置效率的具体数值。

第二种方法是 Jeffrey Wurgler① 在 2000 年提出的直接衡量资本配置效率的方法。基本思路是：资本配置效率的提高意味着在高资本回报率的行业（项目）内继续追加投资，在低资本回报率的行业（项目）内适时撤出资本。这样，就可以用资本对于行业（长期）盈利能力的敏感性，作为衡量社会资本配置效率的主要指标。

Jeffrey Wurgler 的理论是通过考察一国资本配置效率的高低，来衡量该国金融市场的发展程度与作用。认为拥有较高资本配置效率的国家往往表现为资本流出低成长的产业，流入高成长的产业。所以，可以通过以下模型来定量分析资本配置效率：

$$\ln \frac{I_{i,t}}{I_{i,t-1}} = \alpha + \eta \ln \frac{V_{i,t}}{V_{i,t-1}} + \varepsilon_{i,t} \tag{3.17}$$

其中，I 表示固定资本形成净值；V 表示行业增加值；i 表示行业编号；t 表示年份；η 为资本配置效率，表示固定资产的追加（或撤出）对于行业增长量的弹性变化，也即一国对处于增长中的行业增加投资，同时对处于衰退中的行业减少投资，这一资源配置变化的弹性水平。若 $\eta>0$，表明在第 t 年内，当一个行业的增加值相对于上一期增加时，固定资产形成的增长率也会相应地增加，并且固定资产存量增加的百分比是行业增加值指数增加的百分比的 η 倍。于是，更多的资金将流入成长性好的行业；而相对较少的资金流入成长性较差的行业。若 $\eta<0$，表明在第 t 年内，当一个行业的工业增加值指数相对于上一期增加时，固定资产形成的增长率反而减少。即 t 年内在成长性差的行业内追加更多投资，在成长性好的行业内，资金流入却很少。若 $\eta=0$，表明在 t 年内，虽然各行业的

① Jeffrey Wurgler, "Financial Market and the Allocation of Capital", *Journal of Financial Economics*, 58, 2000, 187 - 214.

成长性各自不同，但流入各行业的资金量相同。即各行业吸引资金的能力与行业的成长能力无关。

用生产函数分析各项支出的产出弹性的方法虽然可以详细了解资源在每个项目的配置效果，但不能总体了解公共投资的整体资源配置效果。Jeffrey Wurgler 的方法可以总体上衡量配置效率，所以本书采用 Jeffrey Wurgler 的方法对我国公共投资资源配置的结构效率进行分析。

3.3.3 我国公共投资结构效率的面板数据分析

(1) 估计模型。公共投资的结构效率主要考察公共投资在不同行业的配置所带来的效用大小。效用的衡量可以用国内生产总值，也可采用各行业的产值。国内生产总值很难判断哪些是由公共投资贡献的，考虑到数据的可得性，本书采用各行业的行业增加值。因为公共投资具有较大的外溢性，仅用行业增加值不足以全面分析结构效率，分析结构效率还需要结合定性分析。

由于分析中面对的是由时间序列数据和横截面数据组成的面板数据，参考 Jeffrey Wurgler 的方法，本书引入配置效率的面板数据模型：

$$\ln \frac{I_{i,t}}{I_{i,t-1}} = \alpha + \eta \ln \frac{V_{i,t}}{V_{i,t-1}} + \varepsilon_{i,t} \quad i=1, \cdots, N; \ t=1, \cdots, T \tag{3.18}$$

其中，I 表示公共投资，$\frac{I_{i,t}}{I_{i,t-1}}$是构成公共投资的第 i 个行业当期与上一期的比值，表示公共投资的增长率；V 表示行业增加值，$\frac{V_{i,t}}{V_{i,t-1}}$是第 i 个行业的当期增加值与上一期的比值，表示行业增加值的增长率；η 是配置效率，表示公共投资增长率对于行业增加值增长率的弹性变化；α 表示不变的截距，即公共投资对各行业的影响都一样，性质相同；N 表示横截面样本容量；T 表示时期总数。

模型考察了公共投资的增长率和行业增加值增长率的弹性关

系，即行业增加值每发生一个单位的变化所带来公共投资变化的数量关系。市场条件下，行业增加值快速增长，说明社会需要这种行业的产出（服务）较多。若此时 η 值比较大，说明公共投资快速流入社会需要的行业，较充分地满足社会需求；若 η 值比较小，甚至是负值，说明公共投资没有有效流入满足社会需求的行业。

（2）样本数据。

①公共投资。前文提及，公共投资有大口径和小口径之分。大口径公共投资的范围包括全社会固定资产投资中所有涉及公共领域的投资。本书在全社会固定资产投资统计中选取 9 个行业的基本建设投资数据作为分析样本，包括电力煤气及水的生产和供应业、地质勘查业水利管理业、交通运输仓储和邮电通信业、社会服务业、卫生体育和社会福利业、教育文化艺术和广播电影电视业、科学研究和综合技术服务业、国家机关政党机关和社会团体、其他等。虽然上述行业数据的统计中包括一定比重的非政府投资，但从满足社会公共需求的角度看，这些行业的固定资产投资主要提供基础设施或公共服务，都属于公共领域的投资。这一口径可以用于考察全社会的公共投资规模，但不能全由政府来投资。小口径公共投资是来源于预算内的固定资产投资，虽然是以政府为主体的投资，但统计口径较小。本书在前边的实证分析中，在预算内的基础上，加上了预算外的基本建设投资。由于对公共投资结构的分析需要分行业，而小口径公共投资的统计中没有分行业，所以这里的分析以“中口径公共投资”来衡量公共投资的结构效率。中口径的公共投资采用大口径公共投资中的部分行业的数据。按照对公共投资范围的界定，并考虑数据的可得性，中口径的公共投资选择其中 5 个行业的基本建设投资数据①：电力、燃气及水的生产及供应业，交通运输

① 固定资产投资包括基本建设投资和更新改造投资，因为更新改造投资属于简单再生产，其增量投资在以往的基本建设投资中已经反映过了，所以这里只选择了基本建设投资数据。

仓储和邮电通信业，卫生体育和社会福利业，教育文化艺术和广播电影电视业，科学研究和综合技术服务业。这几个行业包括了前文界定的公共投资范围的主要部分——道路供水供电等基础设施、燃气邮电等自然垄断行业、教育、卫生、科学等，属于应该由政府投资的范围。当然，这几项统计中也包括一些非政府投资，可能存在高估的公共投资的成分，但考虑到这些非政府投资的主体基本上都是国有企业，尤其是自然垄断行业的企业，这些国有企业的投资具有准公共投资的性质，并且自然垄断行业产生的市场失灵本来就应该由政府弥补，所以，中口径公共投资以这 5 个行业分析我国公共投资的结构效率。

本书采用大口径和中口径的数据范围分析公共投资的结构效率。大口径公共投资反映全社会公共投资配置的结构效率，中口径公共投资反映政府主体的公共投资配置的结构效率。限于统计资料，分析中采用了 1990～2004 年的样本数据。

②行业增加值数据。选自《中国统计年鉴》中的“第三产业增加值”，其中“电力煤气及水的生产和供应业”一项的增加值选自“按行业分组的全部国有及规模以上国有工业企业主要经济指标”。由于 1990 年以前没有公布行业增加值的统计，所以这里选择了 1990～2004 的数据；2003 年后国家统计局对第三产业的行业统计口径发生了较大变化，分析中对 2004 年采用了测算数据。所有数据来自各年《中国统计年鉴》和《中国工业交通能源 50 年统计资料汇编》。样本数据详见附表 3－1 和附表 3－2。

(3) 模型估计。运用 eviews 软件，输入面板数据，对（3.18）式进行估计，分别估计大口径公共投资和中口径公共投资配置的结构效率 η_1 和 η_2。

面板数据模型中有变截距（Variable Intercept）模型和联合回归模型（Pooled Regression Model）之分，前者模型中的斜率系数相同，截距不同；后者模型中的斜率和截距都相同。本书要从总体上分析公共投资配置的结构效率，不考虑截面单元的个体特征，假定各截面性质相同，截距不变。(3.18）式采用了联合回归模型。

①对大口径公共投资结构效率（η_1）的估计。大口径公共投资由9个行业的基本建设投资构成，横截面样本容量为9，时间序列期间为15年。按照（3.18）式中的$\frac{I_{i,t}}{I_{i,t-1}}$和$\frac{V_{i,t}}{V_{i,t-1}}$，对样本数据进行计算，并取对数。

表3-6　　大口径公共投资配置的结构效率估计

变量	系数	标准差	T统计量	概率
α	0.175400	0.025314	6.929020	0.0000
η_1	0.300809	0.139945	2.149480	0.0335
加权统计检验结果				
R-squared	0.367306	Mean dependent var		0.324931
Adjusted R-squared	0.362203	F-statistic		71.987190
Durbin-Watson stat	1.537980	Prob（F-statistic）		0.000000

分析中使用可行的广义最小二乘法（GLS）进行估计，即先用相同的权数做最初的回归分析，然后再用估计出的权数做加权最小二乘估计，目的是减少由于截面数据造成的异方差影响。

回归方程可表示为（括号中为T统计量）：

$$\ln\frac{I_{i,t}}{I_{i,t-1}}=0.1754+0.3008\ln\frac{V_{i,t}}{V_{i,t-1}} \tag{3.19}$$

(6.9290)（2.1495）

由分析结果可以看到，T统计量较大，说明两系数具有显著的解释作用；F统计值也较大，说明两变量线性关系较明显。只是拟合度较低，降低了回归方程的解释力，在以后的研究中需要更好地处理相关数据来解决。但基本上，该方程在一定程度上能够反映我国全社会的公共投资配置的结构效率，配置效率系数为0.3008。

②对中口径公共投资结构效率（η_2）的估计。中口径公共投资由5个行业的基本建设投资构成，横截面样本容量为5，时间序列

期间为 15 年。按照（3. 18）式中的$\frac{I_{i,t}}{I_{i,t-1}}$和$\frac{V_{i,t}}{V_{i,t-1}}$，对样本数据进行计算，并取对数。

表 3-7 中口径公共投资配置的结构效率估计

变量	系数	标准差	T 统计量	概率
α	0. 182315	0. 031102	5. 861878	0. 0000
η_2	0. 164709	0. 173569	2. 948953	0. 0306
加权统计检验结果				
R-squared	0. 371429	Mean dependent var		0. 240217
Adjusted R-squared	0. 362186	F-statistic		40. 181950
Durbin-Watson stat	1. 375398	Prob（F-statistic）		0. 000000

回归方程可表示为（括号中为 T 统计量）：

$$\ln \frac{I_{i,t}}{I_{i,t-1}} = 0.1823 + 0.1647 \ln \frac{V_{i,t}}{V_{i,t-1}} \tag{3.20}$$

（5. 8619）（2. 9490）

同大口径公共投资结构效率回归结果相似，这一估计结果基本上能够反映我国政府主体的公共投资配置的结构效率，配置效率系数为 0. 1647。

（4）结论分析。国内一些学者用 Jeffrey Wurgler 的方法分析了全社会的资本配置效率。韩立岩、王哲兵①对我国 37 个行业、1993 ~2002 年 10 年的数据进行分析，分析结果是我国资本配置效率值为 0. 160（R^2 =0. 036，D. W =0. 781②），反映我国实体行业的资本配置效率较低。岳正坤、王高③选择了 32 个行业、1999 ~2005 年的样本数据，利用广义最小二乘法进行模型回归，得到结果资本

① 韩立岩、王哲兵：《我国实体经济资本配置效率与行业差异》，载《经济研究》2005 年第 1 期，第 77 ~84 页。

② 同本书研究相似，韩立岩的回归结果也存在拟合度不高的问题。

③ 岳正坤、王高：《我国资本市场配置效率探析》，载《中南财经政法大学学报》2006 年第 3 期，第 86 ~90 页。

配置效率系数为0.027，表明我国资本配置效率极低。

从本书的估计结果看，我国公共投资的资源配置效率不高，全社会的公共投资配置效率（$\eta_1=0.3008$）高于政府主体的公共投资的配置效率（$\eta_2=0.1647$），说明一些非政府配置的公共资源产生的效果更好。但与韩立岩、岳正坤对全社会资本配置效率的分析结果相比较，我国公共投资的配置效率高于全社会资本配置效率，即使效率较低的政府主体的公共投资的配置效率系数（$\eta_2=0.1647$）也高于全社会资本配置效率的系数（0.160和0.027），这个结果，除了有分析方法和样本数据选择不同的原因外，也能说明我国公共投资资源的配置存在着较大的外溢性。但不可否认的事实是，不管是全社会的资本配置效率，还是公共投资的配置效率，我国都处于比较低的水平。

表3-8　部分国家资本配置效率

发达国家	国家	德国	美国	法国	澳大利亚	丹麦	日本	加拿大
	η	0.988	0.723	0.893	0.681	0.853	0.819	0.547
	R^2	0.364	0.126	0.298	0.065	0.131	0.174	0.115
发展中国家	国家	印度	马来西亚	墨西哥	乌拉圭	智利	埃及	菲律宾
	η	0.100	0.285	0.344	0.218	0.294	0.326	0.313
	R^2	0.003	0.019	0.034	0.011	0.021	0.050	0.042

注：摘自 Jeffrey Wurgler（2000），“Financial Market and the Allocation of Capital”，Journal of Financial Economics，58，2000。

Jeffrey Wurgler（2000）考察了65个国家的资本配置效率（见表3-8），各国的平均资本配置效率值为0.429。资本配置效率最高的是德国（0.988），发达国家的资本配置效率基本上都在0.5以上，而发展中国家的效率水平普遍较低。从表3-9可以看到，我国公共投资的效率水平远低于发达国家的效率水平，与发展中国家相比，也仅处于中等水平。

3.3.4　我国公共投资的结构问题分析

我国公共投资结构效率长期处于较低的水平上，与我国长期的计划经济体制有关，也与我国经济体制由计划向市场的转型有关。所以，分析我国公共投资的结构问题应该结合我国发展和转轨的实际背景。应该看到，随着我国公共财政体系的建立和完善，公共投资的规模不断扩大，公共投资结构也正逐渐发生变化。但由于历史和现实的原因，我国公共投资结构失衡的问题仍然存在。

（1）我国公共投资的结构仍然失衡。公共投资的结构与政府职能密切相关，按照马斯格雷夫的三阶段论，在经济发展的初期，政府会将公共资源主要用于经济建设。我国经济处于发展的初期，又长期处于计划经济体制下，政府的经济建设职能更加明显，所以，我国公共资源的配置更是严重地倾向于经济部门。

随着我国经济体制由计划转向市场，政府的职能有所调整，公共资源的配置正逐渐转向社会公共服务。如图3－7所示，1999年以来，对教育、卫生、科学研究投资的增加速度逐渐大于对基础设施的投资增幅，公共投资的结构正在改善。但由于历史投资的惯性作用，我国公共投资结构失衡的状况仍未改变。

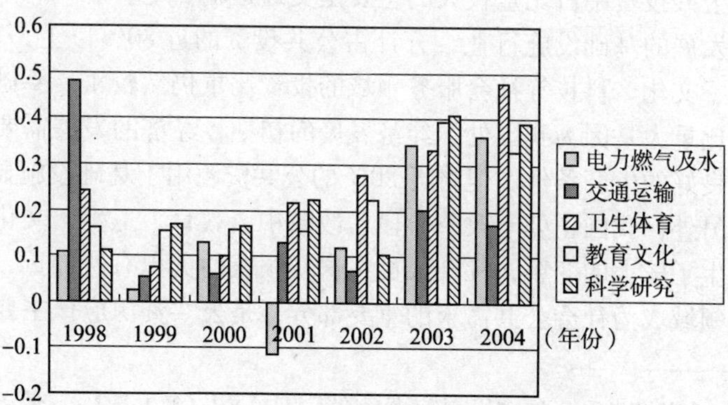

图3－7　中口径公共投资各项目增长率

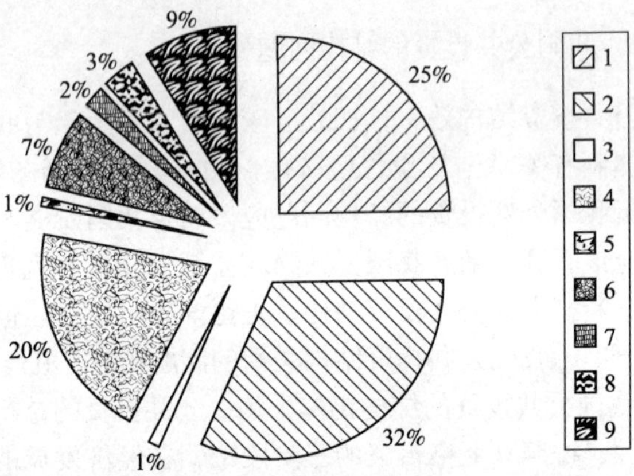

图 3-8　2005 年我国大口径公共投资构成

图 3-8 反映了我国大口径公共投资的构成,[①] 其中，1 代表“电力、燃气及水的生产和供应业”，2 代表“交通运输、仓储和邮政业”，3 代表“科学研究、技术服务和地质勘查业”，4 代表“水利、环境和公共设施管理业”，5 代表“居民服务和其他服务业”，6 代表“教育”，7 代表“卫生、社会保障和社会福利业”，8 代表“文化、体育和娱乐业”，9 代表“公共管理和社会组织”。可以看到，公共投资中占比重较大的主要是交通运输、电力燃气、水利等经济发展的基础设施行业，合计占公共投资的近 80% 以上，教育、卫生、文化、科技等社会服务领域的投资比重仍然较小。基础设施投资比重大是因为我国处于经济发展的初期，经济的发展需要政府创造良好的生产条件，但将近 80% 的公共资源用于基础设施显然太多。另外，我国正处于改革阶段，改革中，教育、卫生、文化体制都发生了较大的变革，社会成员在这些领域的负担有所加重，也使这些领域成为社会公共需求的重要部分，是公共资源应该主要配置

① 2005 年以后，我国对固定资产投资的统计口径发生了较大变化，这里公共投资的构成以新的统计口径来衡量，与实证分析中的大、中口径有所不同。实证分析中因为需要历史数据，选择了老的统计口径。

的领域，而我国教育、卫生、文化、科技等领域的投资比重合计只有10%多一些。

（2）公共投资结构的国际比较。表3－9选择了一些有代表性的国家的公共支出①与我国公共投资的结构进行对比。美国等国代表发达国家，俄罗斯代表转型国家，阿根廷和巴西代表发展中国家，韩国代表东方国家。表中国防和社会福利（主要是社会保障支出）不属于本书探讨的范围，主要比较教育、卫生、交通和能源等项目。

表3－9　　部分国家公共支出的构成比重（%）

国　家	美国	英国	德国	加拿大	澳大利亚	荷兰	俄罗斯	阿根廷	巴西	韩国
年　份	2000	1999	1996	2000	1998	1997	2000	2000	1998	1997
一般公务支出	9.91	4.19	2.69	7.11	7.03	6.43	7.61	9.13	14.16	5.06
国　防	15.41	7.09	3.89	5.64	7.03	3.85	12.47	3.94	3.47	16.66
公共秩序和安全	1.71	3.48	0.35	3.51	0.85	2.84	5.37	2.90	3.18	6.06
教　育	1.78	3.73	0.54	2.27	7.67	9.98	2.26	6.22	6.12	20.51
卫　生	20.50	15.41	18.89	1.37	14.83	14.78	0.86	1.87	6.20	0.78
社会福利	28.24	36.50	50.03	44.60	35.49	37.38	31.67	48.55	47.27	10.79
住房和通讯	2.56	2.25	0.47	1.37	1.21	1.51	0.57	2.07	0.65	2.26
文化、娱乐和宗教	0.44	0.28	0.11	1.47	0.99	0.36	0.69	0.21	0.08	0.85
能　源	0.06	0.12	0.11	0.05	0.71	0.15	1.49	0.62	0.33	0.71
农　业	2.33	0.37	0.27	1.47	1.42	1.01	1.30	0.62	2.49	7.97
工　业	0.06	0.15	1.06	0	0.28	0.33	2.30	0.21	0.12	2.57
交通运输	2.58	0.86	3.03	0.95	1.42	3.47	3.38	2.70	1.22	10.41
其他经济活动	1.66	2.84	2.92	2.80	2.27	1.18	0.53	0.83	0.65	2.02
其他支出	12.72	22.72	15.66	27.35	18.88	16.79	29.51	20.33	14.29	13.36

数据来源：根据国家统计局网站（www.stats.gov.cn）——国际统计数据2002年整理得到。

从教育支出上看，美国、德国比重最小，不到2%，韩国支出比重最大，达20%以上。美国等发达国家教育支出比重小是因为其国民教育程度已经较高，设施也基本完善，政府和民间共同承担的

① 由于没有各国形成固定资产的政府投资的统计，这里以各国公共支出作参考。

教育投资体制比较成熟；韩国是个新兴国家，自20世纪60年代开始就保持较高的教育支出水平，其经济的崛起与教育投入有不可分割的关系。[①] 图3－8中显示我国的教育投资占大口径公共投资的比重2005年为7%，比重有所提高，但基于我国人口素质较低的国情，这一比重显然不足。卫生支出所占比重，发达国家较高，多在15%以上，发展中国家则明显不足。我国正处于计划体制向市场体制转轨阶段，原有的医疗卫生体制基本不能发挥作用，新的医疗卫生体制又没能有效地补充，医疗卫生需求正成为中国居民最重要的社会公共需求，2%的投资比例显然不足。交通和能源支出的投入比重多在5%以下，基本上是发展中国家比重高于发达国家，其中韩国达10%以上。我国处于经济发展的初级阶段，基础设施投入比重较高是正常的，但近80%的比例就太高了。所以，与国际相比，我国公共投资的结构不合理，与国内社会公共需求相比，公共投资仍有诸多不足。

附表3－1　我国公共投资各行业的行业增加值（1990～2004年）

单位：亿元

年份	电力、燃气及水的生产和供应业	地质勘查业、水利管理业	交通运输、仓储及邮电通信业	社会服务业	卫生体育和社会福利业	教育、文化艺术及广播电影电视业	科学研究和综合技术服务业	国家机关、政党机关和社会团体	其他行业
1990	262	65	1147.5	327.9	174	393.8	81.5	545.3	54
1991	315.41	76.8	1409.7	447.3	215.2	454.9	97.5	662.1	66.6
1992	528.72	98	1681.8	599.7	264	547.7	125	809.7	89
1993	691.11	134.5	2123.2	899.2	333.7	709.9	151.8	986.4	120.2
1994	886.51	191.2	2685.9	1200.5	433.8	977.6	213.4	1279.1	159.3
1995	1308.03	253.3	3054.7	1546.4	483.2	1124.5	277.1	1438	180.5
1996	1418.65	280.2	3494	1717.7	564.2	1354.9	335.7	1615.3	208.9
1997	1750.89	302.3	3797.2	2177.9	617.1	1573.2	434.1	1763.9	232.4

① 王留栓：《韩国高等教育、职业教育与经济同步发展的举措》，载《世界教育信息》2003年第5期。

续表

年份	电力、燃气及水的生产和供应业	地质勘查业、水利管理业	交通运输、仓储及邮电通信业	社会服务业	卫生体育和社会福利业	教育、文化艺术及广播电影电视业	科学研究和综合技术服务业	国家机关、政党机关和社会团体	其他行业
1998	2013.18	302.1	4121.3	2649.3	687.2	1823.9	470.8	1969.1	245.9
1999	2344.78	316.17	4460.29	2893.74	742.7	2098.03	556.57	2201.15	261.2
2000	2514.24	328.6	5408.6	3249.8	826.1	2391.2	626.1	2347.8	274.5
2001	2904.4	343.1	5968.3	3855.7	986.3	2768.7	702.7	2584.6	288.4
2002	3389.82	356.75	6420.25	4366.4	1068.4	3090.4	802.06	2844.5	303.8
2003	3872.21	348.82	6644.34	4879.55	1158.8	3415.11	884.16	3138.46	321.96
2004	4353.3	360.5	6921.1	5385.9	1237.6	3800.3	971.1	3530.5	341.7

注：数据来自各年《中国统计年鉴》和《中国工业交通能源50年统计资料汇编》。

附表3-2　大（中）口径公共投资的构成（1990~2004年）　单位：亿元

年份	电力、煤气及水的生产和供应业	地质勘查业、水利管理业	交通运输仓储和邮电通信业	社会服务业	卫生体育和社会福利业	教育、文化艺术和广播电影电视业	科学研究和综合技术服务业	国家机关、政党机关和社会团体	其他行业
1990	365.93	46.21	211.01	66.64	35.28	102.52	21.03	62.1	101.18
1991	425.94	59.03	340.18	93.9	32.83	119.39	23.13	87.75	55.85
1992	555.78	81.8	457.58	154.01	45.56	151.34	31.56	141.65	201.24
1993	768.61	98.38	901.24	301.73	66.23	204.45	48.65	301.44	116.66
1994	1150.79	120.61	1372.94	417.45	93.66	261.53	52.76	376.58	117.29
1995	1258.49	165.83	1587.53	490.01	105.05	352.69	68.28	474.08	143.6
1996	1545.97	227.9	1844.62	607.79	122.5	418.31	65.29	580.89	160.7
1997	1938.89	277.42	2197.45	820.36	148.51	529.21	68.17	715.99	181.33
1998	2144.55	433.16	3252.19	1123.87	184.54	615.56	75.82	888	160.63
1999	2193.18	556.56	3429.28	1355.52	198.70	711.65	88.56	1006.19	145.35
2000	2479.80	596.64	3641.94	1611.52	218.36	823.37	103.10	878.18	216.94
2001	2196.30	569.99	4116.43	1965.16	265.74	951.36	126.21	1006.19	241.70
2002	2458.61	720.41	4393.98	2588.06	339.43	1164.56	139.13	1353.42	209.95
2003	3302.4	1287.3	5280.5	3701.2	452.5	1621.16	195.9	1880.26	291.61
2004	4495.13	1581.5	6173.9	4941.9	668.9	2154.1	272.41	2432.56	387.2

注：数据来自各年《中国统计年鉴》。

第4章

公共投资微观效率分析

——X效率和成本效益分析

4.1 公共投资微观效率的理论基础

在新古典经济学的分析中，经济效率是在完全市场假设和经济人假设的前提下实现的。即在完全市场条件下，信息是充分的，市场参与者是理性的经济人，经济人因为存在逐利性，其资源配置必然会选择利益最大化且成本最小化的方案，自然实现经济效率。也就是说，新古典经济学在分析经济效率时，因为假设经济人的存在，也就假设了微观上的经济行为是效率的。但在实践中，经济参与人可能是逐利的，也可能不是逐利的（比如政府公务员的行为就可能是升职导向，而不是利益导向）。所以，从微观上看，经济参与人的行为未必能够自然实现效率。特别是公共投资过程中，因为存在委托代理关系，微观上的项目决策和实施中也存在效率问题，所以，有必要运用一定方法评价公共投资的微观效率，以利于投资决策，利于宏观效率的实现。

4.1.1 X效率理论

X效率理论是由哈维·莱宾斯坦（Harvey Leibenstein）在1966

年最早提出的。所谓 X 效率，代表的是来源不明的非配置效率。[①]在厂商要素投入量给定的情况下，如果要素投入的变化可以使某些产品的产出增加，而没有使其他产品的产出减少，就说明该厂商存在 X 低效率，反之，则说明它有 X 效率。

新古典经济理论认为，厂商是按生产函数和成本函数进行生产的，对厂商行为的研究因而被简化为对生产函数的研究。在这种条件下，厂商的投入—产出由技术水平而不是由决策和组织等人为的活动来决定的，厂商的利润最大化就是在成本最小化的条件下实现的。因此，给定的投入在一定技术水平之下，产出也就是一定的，只要厂商按照它的生产和成本函数进行生产，厂商必然可以获得最大化的产出和最小化成本的生产效果。

莱宾斯坦在他的研究活动中却发现一些事实似乎与新古典的厂商理论不符：（1）企业不是内部有效率的，只要将工厂的内部组织作相当简单的变动，厂商就能够增加它们的产量；（2）企业不是利润最大化的，厂商不是按照边际分析的原理经营的；（3）存在着劳动和资本以外的某种东西在工业化国家的增长率中发挥着重要的作用。这就是说，在相同的技术条件下，相同的投入不一定会导致相同的产出，企业内部存在着可以降低企业成本的未被利用的机会，这些未被利用的机会，不应该与规模经济相混淆，其造成的低效率与价格和市场无关，与企业内部的活动有关。由于这种低效率的性质当时不甚明了，因此莱宾斯坦称之为“X 低效率”。

X 低效率实质上是一种组织（Organizational）或动机（Motivational）的低效率，造成非配置低效率的一切因素都属于 X 低效率。为什么会造成 X 低效率呢？莱宾斯坦认为[②]：第一，劳动合同不完整。劳动合同不可能规定所有的劳动细节，收入的规定是明确的，但工人可以自己决定努力程度，这使得他们的绩效取决于他们的工

①② 〔美〕罗杰·弗朗茨：《X 效率：理论、论据和应用》，上海译文出版社 1993 年版，第 2～15、61～66 页。

作动力；第二，生产函数不是完全确定的或已知的，生产过程总是包含一种试验因素，所以企业并不总是预先就知道从既定投入和产出比率中得到的产出数量，所以，一定的投入通常都会有许多不同的产出率；第三，投入并不都是在市场上出售的，也不是所有的购买者都能平等获得的，这主要是涉及管理技能和知识的运用。知识可能是达到效率的关键要素，然而可能没有被全部利用。与利用资本不同，知识是非常难以观察到的一个要素；第四，厂商可能彼此仿效而不是竞争。在这种环境里，没有理由相信厂商一定按它的生产函数和成本函数进行生产。

X效率理论的出发点在于对“人”的认识，认为经济学研究的对象不应该是笼统的家庭和企业，而应该是最小行为主体——个人。X效率理论不赞同古典经济学的理性经济人假设，认为完全理性的经济人只能是一种极端的和个别的情况，是某些人在某些时候某些条件下采取的行为特征，而不是所有的人在所有时候所有条件下采取的行为特征。通常的情况是，个人具有有选择的理性，他们只把精力放在做出信息充分的决策所需要的细节和计算上，让更多的决策采取依赖于习俗、惯例、标准程序等。并且个人的行为具有惰性特征，人们通常都在自己的“惰性区域”工作，工作中更高或更低的努力水平，都需要有外界因素的刺激。可见，在微观经济主体中，效率取决于工作者的努力程度，在资本、劳动力等投入都相同的时候，工作者不同的努力程度所创造的效率是不同的，这就是X效率之所在。

在企业中，人们工作的努力程度是由自己的精神状态和工作动机（往往由外部环境决定）决定的，提高X效率就需要改善工作者的精神状态，加强其工作动机。企业的劳动合同中按照劳动时间签订了劳动力价格，但劳动力在工作中投入的主要是劳动努力。劳动合同没能真正反映劳动力的价值，没有给劳动努力以足够的激励，也不能根据需要调整劳动者的工作动机，所以是不完善的。同时，企业主（委托人）和雇员（代理人）的利益并不总是一致的，决定企业效率的劳动努力程度，一部分由雇员控制；一部分由雇主控制。雇主的利益在于提供给雇员的工资最小化，而得到雇员的付出最大化；雇员的利益相反，在于尽可能小的付出努力，却能照拿工资。所以，企业家要提高经济效率，就必须通过组织和激励让雇员发挥更多的劳动努力。当然，如果企业处于垄断地位，企业家可能也会缺乏压力，缺乏动机，会造成有机会不利用的 X 低效率，这种情况在公共投资中经常出现。

4.1.2　我国公共投资中的 X 效率

X 效率理论的提出主要是针对微观经济中的私人投资主体，对于政府为主体的公共投资，也存在 X 效率问题。由前文对公共投资宏观效率的分析可知，我国公共投资存在着规模不足和结构不合理等资源配置低效率，同时也存在着产出效率低于非政府投资的产出效率的问题（见第 2 章）。也就意味着，与非政府投资相比，公共投资进行了同样的投入却得到低于非政府投资的产出，存在着非资源配置的低效率，即 X 低效率。据抽样调查①，“九五”时期由国家投入的基建投资项目中，有 85% 以上的项目超概算，有 39% 的项目未能达到设计生产能力，有 37% 的项目投入运营后处于亏损局面。这些效率损失显然也属于 X 低效率。

公共投资存在 X 低效率的原因在于：

（1）公共投资中参与人不符合理性经济人特征，不会主动追求效率。公共投资的过程是由政府经公共选择做出决定，下达给具体职能部门组织实施，由国有或民间企业具体生产。参与人涉及决策官员，执行投资计划的公务员和企业。首先，如 X 效率理论分析的，个人总是有选择的理性，并非经常理性，其行为可能仅限于循规蹈矩，未必追求效益最大化。其次，在同一个公共投资过程中，

---

① 孟建民：《建立科学的财政支出效益评价体系，有效推进财政支出的深入改革》，申书海：《财政支出效益评价》，中国财政经济出版社 2002 年版，第 1～14 页。

参与人目标各异，官员以政绩为目标，公务员以升职为目标，企业则以自身利益为目标。参与人的目标不统一，自然会形成效率损失。再次，人们的行为存在惰性，一旦遇到阻力，可能不愿意付出更多努力。

（2）公共投资中存在委托代理问题。公共投资过程中也存在信息不完全和信息不对称，出资人（政府）和执行人（公务员或企业）因为掌握的信息不同，行为目标不同（即效用函数不同），所以具有委托代理关系，拥有信息优势的一方是代理人——公务员或企业，另一方是委托人——政府。政府希望以一定规模的投资达到最大的产出，实现产出极大化，但政府因为信息不足，并不知道达到那么多产出需要多大规模的投入；公务员或企业希望的是投入最大化，投入越多，代理人掌握的资源越多，（寻租）利益就可能最大化，导致效率损失。

（3）政府提供公共投资存在垄断性，缺乏压力，因而产生X低效率。公共投资由政府生产，具有垄断性，不存在竞争问题，产出大部分不经过市场的直接评价，公共投资的生产缺乏压力。而政府对公共投资的生产又缺乏有效的评价和考核机制。所以，公共投资的参与人既没有约束也没有动力去努力工作，一些可以降低成本增加效率的机会，即使被发现，也没有动力去利用，而形成X低效率。

这些造成公共投资X低效率的因素主要反映在参与人的利益关系和努力程度上，很难用定量的方法来分析。减少公共投资的X低效率，不能靠投资参与人自觉的提高努力程度，需要建立一些必要的评价和激励约束制度。对公共投资项目的微观效率进行评价，可以了解公共投资计划的执行效果，可以作为对参与人工作努力程度评价的标准，并以此为基础建立激励约束制度，以调整投资参与人的行为，提高公共投资的X效率。

4.1.3　公共投资微观效率的评价方法

对公共投资微观效率进行分析评价，是减少公共投资X低效率的必要步骤。从微观上分析评价公共投资项目的成本和效益状况，有利于决策人员做出正确的决策，选择正确的投资方案，也有利于建立激励约束制度，提高公共投资的X效率。评价公共投资微观效率的常用方法有：成本效益法，最低费用选择法，公共劳务收费法和机会成本分析法。

（1）成本－效益分析法。成本－效益分析法是西方国家衡量政府支出效益常用的一种方法，是从全社会的角度衡量政府项目或方案的成本和收益，做出项目决策的一种系统方法。成本效益法针对政府确定的建设目标，提出若干实现建设目标的方案，详列各种方案的全部预期成本和全部预期效益，在比较项目的净社会效益后，选择出最优的投资方案。成本－效益分析中，最关键的问题是如何确定项目的效益和成本、贴现率、时间期限和优先次序。

成本－效益分析法主要用于成本和收益都能准确计量的项目评价，如公共工程项目等，在使用范围上存在较大局限。一般情况下，以社会效益为主的支出项目不宜采用此方法。

（2）最低费用选择法。最低费用选择法是根据某项公共投资的目标制定若干个投资方案，通过比较不同方案成本开支的大小，选择其中费用开支最小的作为最终投资方案。

最低费用选择法是对成本－效益分析法的补充，主要对那些不易计量效益的公共投资项目进行评价。该方法只计算项目的有形成本，在效益既定的条件下分析其成本费用的高低，以成本最低为原则来确定最终的投资方案。由于免去了计算支出效益与无形成本的麻烦，此法的分析内容要简单得多。其基本程序是：首先，根据政府确定的建设目标，提出多种备选方案；然后，以货币为统一尺度，分别计算出备选方案的各种有形费用并予以加总；最后，按照费用的高低排出顺序，以供决策者选择。

对于不能运用成本-效益分析法的财政支出项目，可以运用最低费用选择法进行分析。这种方法的难点不在于费用开支的比较上，而在于如何使不同投资方案能够无差别的实现公共投资的目的。

(3) 公共劳务收费法。公共劳务收费法是政府通过公共投资为社会提供的某些公共服务项目采取适当收费的办法，借以提高公共投资的效率。该方法的目的不在于帮助政府选择最优投资方案，而在于将市场等价交换原则部分地引入到公共产品的提供和使用中去，适当地约束和限制社会对该公共产品的消费量，从而达到节约开支、提高公共投资效率的目的。

(4) 机会成本分析法①。政府进行公共投资所占用的资源是由私人部门转移过来的，只有当资源在政府手中发挥的效用比在私人部门的效用大时，公共投资对社会才是有益的。机会成本指因资源由私人部门转移到公共部门而导致私人部门的效益损失。这样，对公共投资的效率评价就变成了同样的资源由公共部门和私人部门使用，所能达到的效益比较问题。如果公共部门使用这部分资源的效用比私人部门使用的效用大，公共投资是有效率的，否则，是无效率的。

对公共投资微观效率的评价还有专家调查法、问卷调查法等主观分析方法。目前，国际上使用较多的还是成本-效益法。

4.1.4 我国公共投资微观效率评价的现状

公共投资的概念在我国是逐渐发展而来的，政府部门尚没有明确地进行以“公共投资”命名的管理，涉及到对公共投资效率评价的主要是财政投资评审和财政支出绩效评价。

(1) 我国财政投资评审的发展。财政投资评审在我国早就存在，计划经济时期，我国专门成立了中国人民建设银行，除办理日常基建拨款外，主要就是审查建设项目的概、预、决（结）算，即

① 刘玲玲：《公共财政学》，中国发展出版社2003年版，第101页。

所谓的“三算审查”，为提高建设项目概算、预算的准确性，严格审查和办理工程结算，准确核定工程造价发挥了重要作用。1994 年，我国实施金融体制改革，财政部收回了原中国人民建设银行代行的部分基本建设财政财务管理职能。1998 年政府职能改革，财政部进一步收回了建设银行代行的工程审价职能，并成立了投资评审中心，全国财政系统也相继成立了评审机构，财政投资评审正式成为各级财政部门工作的重要组成部分。2002 年，财政部印发了《财政投资项目评审操作规程》（试行）的通知，财政投资评审制度在我国逐渐健全起来。

到 2003 年年底，财政部门先后组织对国债资金、中央预算内基建拨款、财政专项拨款或政府性基金安排的 2100 多个项目进行了投资评审，涉及国家储备粮库、大江大河治理、水利枢纽、铁路、交通、城市基础设施、国防设施、农村公路等项目。对这些项目的评审结果与国家批准总投资概算相比，核减投资 140 多亿元，中央财政直接收回竣工项目审减投资 5 亿多元，减少或暂缓资金拨付近 9 亿元。通过投资评审节约了大量建设资金。①

财政投资评审的对象主要是财政投资项目和财政专项资金项目，通过对建设项目预算、决算的评审，可以严格控制投资规模，监督资金运用，达到提高投资效果的目的。近年来，财政投资评审在评审基建项目的基础上，把财政支出绩效评价和追踪问效也作为了评审目标，为我国财政支出绩效管理改革做出了一些基础工作。

我国财政投资评审，对于项目预算，主要评审预算成本的计算是否准确，资料是否真实，是否符合有关规定；对于决算，主要评审资金使用情况，是否有不合理的支出，是否执行国家有关规章制度等。评审的作用主要是控制成本，缺少对项目的效益评估。评审可以控制投资成本，但对于选择最佳投资方案的作用不大。

---

① 朱志刚：《努力做好新时期财政投资评审工作》，财政部网站，http：//www.mof.gov.cn/index.htm。

(2) 我国财政支出绩效评价的发展。近年来，我国开始了“以绩效为导向”的财政支出管理体制改革。财政支出评价是按照市场经济管理的要求，对财政支出行为、成本及其产生的效益进行科学衡量，以综合评定财政支出运行和管理状况。2001年下半年，财政部要求各省进行财政支出绩效评价工作的研究探索，并先后在湖北、湖南、河北、福建等地进行了财政支出绩效评价工作小规模试点。从各省实施的情况来看，我国的公共财政支出绩效评价借鉴了“内部型”评价模式，主要有以下特点：

①评价主体主要是项目实施单位，其对项目绩效和预定目标的实现情况进行自我评价，并将评价结果上交财政，由财政部门会同审计等部门进行抽查。

②评价范围主要是重大项目建设资金项目，如教育、水利、社会保障、基础建设等财政支出项目，省级跨年度的项目（指连续2年或以上安排财政资金的项目）。一般性、常规性的财政支出暂不列入绩效评价范围。

③评价层次主要集中在项目评价，而且是先易后难进行试点。在部门和综合层次上尚未开展公共财政支出绩效评价。

④评价方法应用横向比较法、预定目标与实施效果比较法、最低成本法等进行评价。评价指标体系分成定量和定性两大类。其中，定量分析按照教育、科技、卫生等方面制定的指标“对号入座”；定性分析则从预定目标规划、单位公务员素质、综合社会贡献等方面开展。

⑤评价时间因项目本身的特点来定。省级部门预算单位在项目完成后一个月内，必须对项目绩效和预定目标的实现情况进行自我评价。对跨年度项目，每个预算年度结束，都要对资金使用绩效情况实施一年一评的中期自我评价。

我国的公共财政支出绩效评价仍属于尝试阶段，尚存在评价内容不完整、评价指标不合理等问题。但绩效评价考虑运用成本效益分析的方法将公共投资和部门支出都纳入评价的范围，既可以分析公共投资的微观效率，又可以衡量行政管理的效果，从而全面考量财政支出的效率，是我国公共管理改革的方向。

4.2　成本效益分析

关于成本效益分析的记载，被追溯到朱尔斯·杜普依特（Jules Dupuit）在 1844 年发表的论文“论公用事业效用的测定”[①]，杜普依特提出了消费者剩余的概念[②]，这一概念直接引出了净社会效益的概念，成为目前成本效益分析的基础。对成本效益分析的应用是在 1936 年《美国防洪法》颁布以后开始的。“工程师联合会”、“土壤保护委员会”、“垦殖局”以及其他机构，分别采取了不同的方法进行成本效益分析。1950 年，与各河流区的基本工程的评价相联系，联邦流域机构协调委员会定出了成本效益分析的一般原则和法则。1965 年，采用一种“计划—方案—预算制”（PPB），将成本效益分析运用到了美国所有联邦部门。

4.2.1　决策者面临的问题

在决策一项公共投资的过程中，决策者可能面临一些选择。为实现某项社会公共服务，必须做出一笔公共投资，可供选择的方案有多套，决策者该如何选择?

比如，政府计划改善某地区的交通状况，在 A 城市和 C 城市之间修一条公路，B 城市在 A、C 两城附近。投资方案有两个：一是在 A 城市和 C 城市之间直接修路；二是由 B 城做连接，由 A 城修到 B 城再到 C 城。决策者面临两个选择依据：一是选哪个方案最省钱；二是选哪个方案能最大程度地达到目的。第一个方案是直线距离，投资规模小；第二个方案虽然投资规模较大，但修路惠及 B

---

① 彼得·G. 萨松、威廉·A. 塞哈尔菲：《成本效益分析——一座通向科学决策的桥梁》，知识出版社 1991 年版，第 3 ~ 5 页。

② “消费者剩余”一词是马歇尔后来为杜普依特的概念起的名字。

城，给三个城市的居民带来了交通便利。如果决策者目标单一，或者是为节约投资，或者是为改善交通，都容易选择。但决策者往往是既要考虑居民的福利，又要考虑投资预算，决策就需要比较各投资方案的成本效益状况。分别确定两个方案的成本和效益（包括直接成本、间接成本，直接效益和间接效益），计算单位投资所能带来的效益，或计算投资的内部收益率，来比较方案，做出决策。

成本－效益分析就是这样一种在项目或方案选优中使用的经济决策方法，往往要经过这样几个步骤，第一，确定成本和效益的范围；第二，定量成本和效益；第三，对成本和效益进行时间价值的处理；第四，投资效果分析；第五，敏感性分析；第六，做出投资方案选择。

4.2.2 成本效益评价

（1）确定成本和效益的范围。与私人投资不同，公共投资具有较强的外部性，评价中采用社会成本和社会效益的概念，尽量包括所有为公共投资付出的成本，和所有能够从公共投资中获得的效益。

社会成本包括直接成本和间接成本，直接成本是公共投资使用的直接投入物的成本，包括劳动力、投资品、管理费用等成本；间接成本是公共投资所带来的外部成本，主要是给居民带来的不便、环境污染、生活生产成本增加等损失。

社会效益包括直接效益和间接效益，直接效益是公共投资项目直接带来的产出增加，或生产率提高；间接效益是公共投资项目的非直接使用者获得的效益，比如，在一个地区修路，直接减少了运输企业的运输成本，提高了生产率，同时，因为交通便利了，农产品运输更畅通，使农作物的生产也增加了。

在确定成本和效益的范围时，要区别真实的收益和货币的收益，避免重复计算。真实收益反映了社会总的福利的增加，货币收益指对社会没有产生实际福利增加的分配变化，货币收益只是分配的变化，一些人的收益增加了，另一些人的收益可能减少了，总福利没有增加。在确定社会效益时，只考虑真实收益。

（2）定量成本和效益。如果说成本效益分析中最重要的是确定所有有关的成本和效益，那么第二重要的就是确定这些成本和效益的数量。对社会成本和社会效益进行计量是一件困难的事情，但尽量使成本效益数量化又是非常重要的。

同私人市场的财务评价需要运用价格工具一样，公共投资的成本效益分析需要运用“影子价格（Shadow Price）”的概念。影子价格是由一项公共投资所创造、消耗或者影响的所有物品的社会价值。公共投资中一些有形的投入和产出可以找到市场价格来衡量，无形的、外部的成本和效益不易用市场价格衡量。所以，用市场价格衡量社会收益和社会成本是有缺陷的，影子价格通过纠正市场扭曲（排除税收、利息等不增加社会福利的货币收益）、加入外部效果（价格中加入间接付出和间接受益等）来反映公共投资带来的所有社会价值。

因为影子价格已经包括了外部效果，纠正了市场扭曲，社会成本就是用影子价格乘以公共投资项目的所有投入；社会效益就是用影子价格乘以公共投资项目的所有产出。所以，定量公共投资的成本和效益，关键在于确定影子价格。

（3）对成本和效益进行时间价值的处理。公共投资往往不是在一年内完成，项目的建设期和使用期都比较长，这样，测算出的成本与效益就不是两个数额，而是由建设期和使用期内每年发生的成本和效益所形成的“成本流”与“效益流”。由于货币存在时间价值，不同时间的“成本”和“效益”价值不可比，必须把将来各年的成本和效益按照一定的比率折合成现值①，这一比率就是折现率（也叫贴现率）。

如何理解折现呢？假设有人承诺一年后给你1100元，或者现

① 现值指进行成本效益分析所在年份的价值。

在给你1000元，你会选择哪一个？如果现在拿到1000元，你可以存银行，如果银行利率是10%，一年后你正好可以获得1100元，也就是说，一年后的1100元和现在的1000元是等值的。如果银行利率是5%，现在拿到1000元一年后只能值1050元。按照这个利率，一年后的1100元现在值多少呢？你会发现，现在存1048元，一年后能得到1100元，即在5%的利率下，一年后的1100元现在价值1048元$\left(\frac{1100}{1+5\%}\right)$。可见，一年后的资金的现值取决于银行利率，或者说，取决于折现率，而这个折现率其实就是现期投资的收益率。

当折现率是i，在第t年获得N元，折合现值（PV）为：

$$PV = N\frac{1}{(1+i)^t} \tag{4.1}$$

折现后的成本和效益才可用来进行经济分析，对成本和效益进行时间价值的处理关键在于折现率的选择。

（4）投资效果分析。成本效益分析的最终目标是帮助决策者选择投资方案，对公共投资的投资方案要有一个评判分析。总的评判原则是公共投资的社会总效益大于社会总成本，具体评价方法有净现值、收益成本比率、内部收益率、偿付期、平均净收益率等。常用的是净现值、收益成本比率和内部收益率。

①净现值（Net Present Value，NPV）。将计算出的“成本流”和“效益流”按照一定的折现率分别折现，然后用效益流的现值之和减去成本流的现值之和，得到净现值。设r为折现率，T为投资项目的寿命年限，B_t表示第t年的效益，C_t表示第t年的成本，则：

$$NPV = \sum_{t=0}^{T}\frac{B_t}{(1+r)^t} - \sum_{t=0}^{T}\frac{C_t}{(1+r)^t} \tag{4.2}$$

净现值大于零，投资方案的社会效益大于社会总成本，净现值越大，方案的效益就越好。

②收益成本比率（Benefit Cost Ratio，BCR）。是投资项目效益的现值与成本现值之比：

$$BCR = \sum_{t=0}^{T} \frac{B_t}{(1+r)^t} \Big/ \sum_{t=0}^{T} \frac{C_t}{(1+r)^t} \tag{4.3}$$

如果一个投资方案的 BCR 大于 1，则该方案是可行的。

收益成本比率是最早用于成本效益分析的，但该方法有一个重要的缺陷，因为收益成本比率计算的是单位（折现）成本获得的（折现）效益，就可能出现一个规模很小、净现值很小的方案的 BCR 大于一个规模很大、净现值很大的方案的 BCR，由 BCR 评价，规模小的方案优于规模大的方案，但从对社会所做的贡献看，其实是规模大的方案更可取。BCR 可能给出误导的判断。

③内部收益率（Internal Rate of Return，IRR）。内部收益率是让投资项目的 NPV 为零的折现率，是由凯恩斯推广的一种方法。计算净现值时，折现率是固定的，用效益流的现值减去成本流的现值，净现值可能是正，也可能是负。调整折现率，会改变净现值，总会有一个折现率使净现值等于零。由上文可知，折现率其实就是现期投资的收益率，所以，使净现值为零的这个折现率就是投资项目的内部收益率（IRR）。内部收益率要和参考利率比较来进行方案的评判，对于私人投资，内部收益率要大于市场利率，方案是可取的；对于公共投资，内部收益率大于社会收益率，方案是可取的，越大越好。

（5）敏感性分析。成本效益分析所衡量的成本和效益，是对将来多年的估算数。未来多年存在不确定性，对成本效益的估算不可避免会存在误差。为增加分析的可靠性，成本效益分析中必须考虑一些重要因素发生变化对估算结果的影响。

成本效益分析中，存在具有不确定性的参数，并且这些数据一旦发生变化，对整个分析结果会产生较大影响。敏感性分析就是找出具有不确定性的参数，为参数选择一个高的和低的值，并分别计算净现值或内部收益率，分别考察在该参数出现高值和低值时方案的效益情况。如果参数出现不利的变化，方案仍然可取，说明方案的抗风险能力比较强。

(6) 做出投资方案选择。决策中，决策者可以选择一种方法，也可以选择多种方法，对每个投资方案做出评判，对比计算结果，选择最优（净现值或内部收益率最大）的投资方案。

4.2.3 两个重要概念

成本效益分析的基础是成本效益资金价值的现值，成本和效益的资金流是用“影子价格”计算的，而在折现过程中，折现率的大小决定着现值的大小。影子价格和折现率的合理程度直接影响着成本效益分析结果的可信度。

(1) 影子价格。由于计算成本流和效益流的价格基础是影子价格，所以影子价格是成本效益分析中最关键的一个要素。但影子价格并不容易确定，并且在确定影子价格时，主观因素占到很大比重，所以，影子价格受到了一些质疑。由于没有更好的方法能取代影子价格，成本效益分析的研究只能是尽量合理的确定影子价格。

影子价格多是通过调整市场价格获得的，在确定时可能会面临三种情况[①]：市场价格能够反映社会价值；市场价格存在但有偏向性；市场价格不存在。

①市场价格能够反映社会价值。在完全的竞争经济中，一种商品的市场价格等于影子价格。由于不存在外部性，消费者和企业的私人收益和成本等于整个经济的收益和成本，而且如果市场完全，也就不存在缺失市场，也就没有市场上没有的商品。所以，商品的市场价格也就是整个社会的价格，就是影子价格。但市场失灵经常存在，完全市场并不普遍，多数时候市场价格难以直接反映社会

---

① 彼得·G·萨松、威廉·A·塞哈尔菲：《成本效益分析——一座通向科学决策的桥梁》，知识出版社1991年版，第61~91页。

价值。

②市场价格存在但有偏向性。常见的情况是，某种商品存在市场价格，但价格对社会价值却估价过高或过低，此时需要按照社会价值的情况，对市场价格进行调整，才能得到影子价格。需要调整的因素主要包括：外部成本（效益）、垄断、税收、闲置的资源、价格控制等。

外部成本（效益）一般不在市场价格中反映，比如一个污染企业的商品价格不包括对社会造成的外部损害，在计算影子价格时，应该将这部分损害计价，算入影子价格。对社会产生的额外收益也应加入影子价格。

垄断商品的价格往往会为企业创造超额利润，也就是大于社会价值，在计算影子价格时，应该将垄断因素找出扣除。

税收是社会资源的转移，并没有带来社会福利的增加或减少，计算影子价格时应该扣除。

闲置的资源包括劳动力、资本，由于其在被公共投资利用之前处于闲置状态，本身表现出的社会价值较低，甚至是零。但闲置不代表没有价值，闲置资源存在机会成本，可以用机会成本表示影子价格。必须考虑到，有些闲置资源可能是长期不用，机会成本存在差异，需要特别对待。

价格控制是政府常用的控制某些市场的手段，比如规定最高价或最低价。这种控制可能基于政府的政治或经济目的，但显然是偏离了社会价值，在估算影子价格时应该考虑修正。

③市场价格不存在。公共投资中有些投入或产出的物品是不存在市场价格的，比如环境质量的变化、公共安全等，无法用调整市场价格的方法确定影子价格，只能用经验的方法来确定。常用的经验方法有：快乐定价法、或有估价法、旅行成本法①。

（2）折现率。成本效益分析只对折现后的成本效益流进行分

---

①　赵志耘：《财政支出经济分析》，中国财政经济出版社2002年版，第259～262页。

析，净现值法更是以折现后的净现值的大小作为对方案的评判标准，而折现率直接决定着成本效益流价值大小，所以，折现率是和影子价格一样重要，且决定着分析结果的因素。折现率是由分析人员选定的，主观因素的影响也比较大，所以对公共投资成本效益分析的折现率应该有一个选择标准。

折现率有私人折现率和社会折现率之分，私人折现率往往以市场利率为折现率分析私人投资项目的净现值，帮助私人投资者决定方案选择；社会折现率指整个社会愿意用将来消费换取现在消费的利率，是计算公共投资净现值的折现率，帮助公共投资决策者选择最优方案。

社会折现率应该反映出资源在各种用途上所能获得的收益，实际上是资金用于公共投资项目的机会成本，是资金的影子价格。所以，社会折现率也可以用私人市场资金的利率作为参照。如果因增加资金用于公共投资，而减少了私人部门投资的资金，那么，私人部门的投资收益率就是这部分资金的机会成本，可作为社会折现率；如果因增加资金用于公共投资，而减少了私人部门消费的资金，消费利率就是机会成本，作为社会折现率。但在现实中，公共投资可能同时减少私人投资和消费的资金，使社会折现率的选择又变得困难。实际运用中，社会折现率的确定比私人利率低一些，这样，使社会利率（折现率）带来更高水平的投资①。因为，第一，政府不仅要关心当代人的福利，还要关心下一代人的福利，选择私人利率低的社会折现率会带来多的投资；第二，现实中具有正外部效益的投资项目不多，公共投资需要弥补市场失灵，也要求社会折现率低于私人利率。

---

① 〔美〕理查德·A. 马斯格雷夫、佩吉·B. 马斯格雷夫：《财政理论与实践》，第5版，中国财政经济出版社2003年版，第164页。

4.3 干江河燕山水库的经济评价——成本效益的案例分析①

4.3.1 项目概况

河南省干江河燕山水库是 2006 年 3 月主体工程正式开工建设的投资项目，是新中国成立以来河南省投资最大的水利枢纽工程。燕山水库位于淮河流域沙颍河主要支流澧河上游的干江河上，距下游漯河市约 100 公里。沙河上游是本流域的暴雨中心所在地，属暴雨洪水频发区。沙河干流流经平顶山、漯河、周口，是河南省重要的工业生产基地，沙河右堤保护豫皖两省耕地面积 800 万亩，人口 600 多万人。燕山水库控制流域面积 1169 平方公里，总库容 9.66 亿立方米，是一座以防洪为主，结合供水、灌溉，兼顾发电等综合利用的大型枢纽工程。燕山水库兴建后，可以提高澧河的防洪标准到 20 年一遇，提高其干流沙河的防洪标准到 50 年一遇，还可以向漯河市及周边县城提供城镇用水，向叶县、舞阳两县提供灌溉水源，具有良好的经济和社会效果。

燕山水库属大（Ⅱ）型工程，工程等级为二等，主要建筑物为 2 级，采用 500 年一遇洪水设计、5000 年一遇洪水校核。水库主要永久建筑物有大坝、溢洪道、输水洞、泄洪洞，在泄洪洞后有小型水电站一个。大坝坝顶高 117.8 米，坝长 4070 米，最大坝高 34.7 米。主体建筑工程量为 795.20 万立方米，主要材料消耗钢材 7071 吨、水泥 68890 吨、木材 557 立方米，施工总工时 1201.46 万个。对工程的经济评价以 2004 年价格计算，水库财务总投资 169967.19 万元。施工总工期为 5 年，使用期 50 年，经济计算期 55 年。

---

① 资料来自：河南省水利勘测设计院：《河南省干江河燕山水库可行性研究报告》，2004 年 5 月。

对燕山水库工程进行的经济评价，以水利部颁发的《水利建设项目经济评价规范 SL72－94》（以下简称《规范》）和国家计委、建设部发布的《建设项目经济评价方法与参数》（第二版）（以下简称《方法与参数》）为评价依据，以2004年第一季度的价格水平为计算标准。

4.3.2 项目成本费用估算

（1）成本费用范围。从全社会的角度考虑，燕山水库工程的成本费用包括直接成本和间接成本。直接成本是工程投资建设的直接花费，主要是主体工程消耗的材料和人工。间接成本是工程施工前和施工中，以及完工后对当地环境及群众生活造成的损害。燕山水库的建设需要移民2.05万人，淹没土地33367亩和各类房屋539859平方米，淹没工矿区、企业、移民的直接损失和对相关人员将来生产生活的影响，都应作为该项目的间接成本；水库的建设施工会带来废水、废气、废渣以及噪声等污染，还会造成当地水质、大气、生态、地质的变化，应该作为该项目的间接成本；水库施工会带来当地水文环境的变化，造成水土流失，应该作为该项目的间接成本。

（2）成本费用估算。直接成本按照工程施工中的工程量和人工，根据《水利建筑工程概预算定额》套算得出，燕山水库的主体工程投资8087.30万元；间接成本分别计入水库淹没处理补偿费、水土保持工程投资和环境保护工程投资中，三项投资额分别为86167.89万元、1539.55万元和1172.45万元。总投资成本合计为169967.19万元。

上述成本费用估算采用的是一般的财务评价标准，考虑到影响全社会国民经济评价，需要对上述估算进行调整。调整主要考虑剔除一些不产生实际社会成本的费用，如计划利润、税金，同时对主要成本进行影子价格的调整。

影子价格的调整主要涉及主要耗材：钢材、木材和水泥，以及土地的机会成本。

钢材、木材和水泥的影子价格按照《方法与参数》的方法，参考国际市场价格。其中，钢材的国际价格范围为1630～1975元/吨，考虑到近几年的涨价因素，采用2750元；水泥的国际价格范围为210～230元/吨，考虑到近几年的涨价因素，采用250元；木材的国际价格范围为644～855元/立方米，采用850元。按照影子结果，“三材”调减1543.24万元。

土地机会成本按项目占用土地而使国民经济放弃该土地最可行用途的净效益现值计算，计算时根据项目占用土地的种类选择2～3种可行用途（该项目选择黄淮海地区的常见作物小麦、玉米、棉花），以其最大年净效益为基础适当考虑年净效益平均增长率，水库工程占地40106亩，计算机会成本为20149.87万元，按原计算的土地赔偿费34090万元，可调减成本13940.23万元。

另外，剔除计划利润3142.04万元，剔除税金4606.46万元。净计算，总投资成本总共调减26112.81万元，考虑了全社会的国民经济投资成本总额为143855万元。表4－1为燕山水库的国民经济投资在施工期的分配。

表4－1　燕山水库国民经济投资分配

年　份	1	2	3	4	5	合计
投资（万元）	36942	34137	32828	20384	19564	143855
分配比例（%）	26	24	23	14	14	100

另外，在使用期，该项目也会产生一些费用，主要包括：年运行费——工资及福利、材料、燃料及动力费、维护费及其他费用，经过估算，年运行费为2295万元；流动资金——按半年的年运行费估算为1147万元；中间更新费——该工程的使用期为50年，金属结构及机电设备寿命为25年，中间更新一次，中间更新费为3253.11万元。

4.3.3 效益估算

燕山水库是大型公益性建设项目，建成后可以通过发电和向城市供水带来经济效益，也可以为当地防洪和农业灌溉带来一定的社会效益。因此，燕山水库的效益可以从防洪、灌溉、供水、发电等方面来衡量。

（1）防洪效益。燕山水库的防洪效益估算分为漯河以上澧河流域，漯河以下的沙河干流及汾泉河流域两部分。考虑降雨在澧河、沙干及北汝河不同分布情况，选用“1975.8”、“1957.7”、“1982.8”、“2000.7”四个年份洪水的雨型，采用频率法计算水库多年平均防洪效益。

通过调查上述四年洪水的成灾面积和单位面积洪灾损失值，利用概率加权法计算防洪效益。根据对四个典型年的防洪效益的加权计算，平均减灾面积9.1万亩，平均防洪效益1.68亿元。①

（2）供水效益。燕山水库向漯河市供水，供水规模为9000万立方米。供水效益考虑供水管网配套等设施因素，水源效益分摊系数为0.6。供水效益估算方法按工业总产值实现的利税法计算。

$B = W/D \cdot \xi \cdot m_0$

其中，B为年供水效益（万元）；W为年供水量（万立方米）；D为2015年万元产值耗水量（立方米/万元），采用40立方米/万元；ξ为工业总产值利税率。根据漯河市2001年、2002年的平均值，取为9.3%；m_0为供水效益与工业总产值综合效益比值。根据调查资料，分析中采用7.5%。

根据上述公式，计算出多年平均供水效益为8470万元。

（3）灌溉效益。燕山水库第一期工程设计灌溉面积17万亩，灌溉保证率60%，灌溉保证程度81%，根据调查现状灌溉面积1.4万亩，灌溉定额278立方米/亩，灌溉保证率60%。考虑灌区配套

① 详细计算见《河南省干江河燕山水库可行性研究报告》，13－3至13－6。

因素，水源分摊系数取 0.5，灌溉效益分摊系数采用 0.40。

灌溉效益计算采用《规范》中的分摊系数法，按有无项目对比灌溉和农业技术措施可获得的总增加值乘以灌溉效益分摊系数。经计算，燕山水库年灌溉效益为 1010 万元。

（4）发电效益。燕山水库第一期工程总装机容量为 1500 千瓦，多年平均发电量 430 万千瓦时，售电量为 409 万千瓦时，影子电价按 0.3 元/千瓦时，发电效益为 123 万元。

综合上述效益，燕山水库正常供水期年综合效益为 26403 万元（16800 + 8470 + 1010 + 123）。

4.3.4 指标评价和敏感性分析

燕山水库的效益评价主要以经济内部收益率、经济净现值两个指标来衡量。指标中对现金流的折现采用社会折现率，燕山水库以防洪为主，属于社会公益性质的水利建设项目，按《规范》社会折现率可同时采用 12% 和 7%。表 4 - 2 是燕山水库的评价指标；表 4 - 3是对评价指标进行的敏感性分析，反映了施工期、投资额度和效益三因素发生变化时建设项目的成本效益状况。

表 4 - 2　燕山水库的经济评价指标　单位：万元

投资	年运行费	年效益	内部收益率（%）	社会折现率（%）	净现值
143855	2295	26403	13.89	7	185088
				12	25213

表 4 - 3　燕山水库内部收益率、净现值敏感性分析

施工期增减（年）	投资总额变化幅度（%）	效益变化幅度（%）	内部收益率（%）	净现值（万元）	
				i = 7%	i = 12%
-1			15.29	202548	40248
1			12.80	165289	165289
	20		12.25	161199	3903
	10		13.02	173245	14648

续表

施工期增减（年）	投资总额变化幅度（%）	效益变化幅度（%）	内部收益率（%）	净现值（万元）	
				i=7%	i=12%
	0		13.89	185088	25213
	-10		14.93	197338	36139
	-20		16.19	209385	46884
		25	16.39	267695	61494
		15	15.43	234734	47504
		10	14.93	218253	39834
		-10	12.84	152330	10953
		-15	12.29	135850	3733
		-25	11.14	102888	-10707

经过对燕山水库项目进行的成本效益分析，由表4-2可知，燕山水库考虑了全社会的国民经济内部收益率为13.89%，大于社会折现率12%；净现值为185088万元（i=7%）和25213万元（i=12%），都大于零，说明该项目具有高于社会平均收益的收益能力。由表4-3可知，在施工期、投资额度和效益发生不利于项目的变化的情况下，除出现效益降低25%的情况外，内部收益率都大于12%的社会折现率，净现值都大于0，说明该项目具有较强的抗风险能力。

4.3.5 案例评价

本案例是我国对公共投资的项目进行的成本效益分析，基本可以反映我国运用成本效益分析的一般状况。由本案例可以看到，我国对成本效益分析法有合理的运用，也有不足。

在成本费用的核算方面，燕山水库分析的成本费用既包括了直接成本又包括了间接成本。间接成本考虑了工程施工前和施工中，以及完工后对当地环境及群众生活造成的损害，应该说基本上反映了该工程对当地产生的损害。不足是：这些间接成本主要是对该库区的损害，是比较直接的间接成本，对相关地区（比如对移民区的影响）、对周围地区的环境影响等没有考虑在内。

在效益估算方面，燕山水库从防洪、灌溉、供水、发电等方面来衡量效益，有经济效益，也有社会效益。不足在于：社会效益包含的范围不够，前边分析了工程的环境破坏带来的成本，工程结束后的环境改善，也可以算作效益；移民对移民区经济发展可能带来的影响（好的影响是效益，坏的影响是成本）；库区建设改善了当地的基础设施，等等。

当然，在分析中有一个措施弥补了这些不足，即敏感性分析。敏感性分析是分析发生了意外的情况下，成本效益分析的结果是否还有效。意外情况应该也包括对一些成本、效益的估计不足。但敏感性分析不足的地方在于其使用的社会折现率，社会折现率是资金用于公共投资项目的机会成本，是资金的影子价格，也是对项目进行社会评价的基础。本案例选用的社会折现率来自《水利建设项目经济评价规范 SL72－94》，是1994年制定的标准，或者选用《建设项目经济评价方法与参数》第二版，是1993年制定的标准。这样的折现系数很难准确地反映资金的成本。

第 5 章

公共投资效率的制度分析

根据前几章对公共投资效率的分析，可以看到我国公共投资效率不高。宏观上，我国公共投资对经济发展的贡献小于民间投资，产出效率低于民间投资；在公共物品的供给上，表现为规模不足和结构不合理。微观上，我国公共投资过程中存在着 X 低效率，并且由于对投资效果的评价方法不科学，评价不仔细，使公共投资在微观上存在产生低效率的漏洞。从经济上看，公共投资效率不高的原因来自于对资金使用的不合理，或者使用中存在浪费。但从另一个角度看，我国公共投资的低效率与制度的不合理息息相关。

本章运用制度经济学原理，从制度上寻找我国公共投资低效率的原因。制度的变迁决定了当前我国公共投资体制的特点，也描述了产生这些特点的历史原因；宏观上，我国公共投资的效率损失主要表现为公共投资不能有效满足社会公共需求，在我国社会公众的偏好表达和公共部门对公共投资的决策方面，存在公共选择问题；微观上，公共投资过程中的多层委托代理问题造成了效率损失，表现为公共投资项目的决策失误，投资过程浪费，投入产出不高。

5.1 我国公共投资的制度变迁

我国公共投资的概念是随着投资体制的发展才出现的，计划经济时代的投资几乎都以国家为主体，其实也是公共投资，不过是包揽一切的公共投资。所以，我国公共投资的制度变迁过程，其实是我国政府为主体的投资体制逐渐转向公共投资管理体制的过程。

我国投资体制经历了 50 多年的历程，从逐步建立、进一步发展到不断改革完善，其演变的轨迹是与经济体制的发展变化相联系的。跟随经济体制的变化，我国投资体制的变迁过程可以分为三个阶段：高度集中的投资体制阶段、投资体制改革阶段和政府公共投资管理阶段。

5.1.1　高度集中的投资体制阶段（1949～1978 年）

从新中国成立以后到改革开放以前，中国经济实行计划经济模式的管理体制，经济发展以高积累、高速度为特征，属于单一靠投资带动增长的典型的外延型、粗放型经济增长模式。相对消费而言，投资更易于调控，所以，我国传统的计划经济是以对投资的集中计划管理为核心内容的，从而形成了传统的高度集中的计划经济投资体制。

（1）新中国成立之初，以国家投资为主的投资主体多元化投资体制阶段（1949～1952 年）。新中国成立之初，党的工作重心刚刚由农村转向城市，国有经济靠没收官僚资本和帝国主义在华的侵略资本建立，国家财力有限，投资不多，对投资也没有统一的计划管理。

经过 3 年（1949～1952 年）的国民经济恢复，我国逐渐建立了包括了全民所有制、集体所有制、公私合营经济、私营经济和个体经济等五种经济成分的多元性所有制结构。投资主体包括中央政府、私人企业和农民。与投资主体多元化相适应，当时的投资方式有国家财政拨款投资、公私合股投资、银行贷款投资以及赎买投资等多种形式。1950 年，国家开始统一财政经济工作，国有经济在投资中迅速占据了重要地位。同时，国家确立了由中央各部分配投资的体制，建立了对基本建设项目按投资限额管理的办法。

（2）高度集中的投资体制形成阶段（1953～1957 年）。为了实现社会主义国家工业化，从 1953 年起，我国开始了第一个五年计划，进入了大规模经济建设时期。借鉴前苏联的经验，也为了集中有限的财力，我国在经济管理和投资管理上建立了一整套集中统一的管理体系。高度集中的投资体制在“一五”时期基本形成，主要特征表现为①：

①投资项目的决策权与审批权高度集中于中央，地方预算即使列有基本建设支出，项目仍要由中央各部专项确定；

②一切固定资产投资都纳入基本建设投资计划；

③基建物资由国家统一分配，施工力量由国家统一安排；

④建立统一管理基本建设工作的专门机构；

⑤建立基本建设投资管理的规章制度；

⑥设立中国人民建设银行，专门管理基本建设拨款并负责监督工作。

在当时国家经济技术发展水平较低，经济基础十分薄弱，产业结构不尽合理的条件下，中央集权投资体制对于保证国家财力、物力的集中使用，尽快地改变旧中国遗留下来的不合理工业布局，奠定必要的国民经济物质技术基础确实起到了一定的积极作用。

（3）高度集中的投资体制发展变化阶段（1958～1978年）。高度集中的投资体制建成以后就与我国计划经济体制紧紧地融合在一起，到改革开放之前都没有本质变化。当然，随着我国政治经济的波动，投资体制也曾有过调整。

“大跃进”时期，投资决策权的过于集中显露了弊端，1956年国家开始扩大地方和企业的投资权限。中央下放了投资项目审批权限，只保留有重大影响的大型骨干项目的审批权；在计划管理的条块关系上，改为以“块块”管理为主；试行投资包干制；1958年起撤销建设银行，取消建设银行专门管理和监督投资建设拨款的职能，改由财政代理；破除部分规章制度，弱化投资管理。

---

① 曹尔阶、李敏新、王国强：《新中国投资史纲》，中国财政经济出版社1992年版，第93～103页。

投资管理权限失控，导致了投资规模严重膨胀，1961 年开始，我国经济进入调整期，国家重申对投资进行全国统一计划的原则，中央政府收回下放给地方的投资管理权限。国家明确规定，取消基本建设地方财政包干的方式，实行中央财政专项拨款，严格控制、严格规定基本建设审批权限。强调了严格执行基本建设程序、严格自筹资金管理、严格施工管理和设备供应制度以及重新恢复建设银行的建制等一系列政策规定。

1966 ~ 1976 年的"文革"时期，我国出现严重的"内乱"，投资体制也变得混乱。在地方没有相应建立必要的管理制度的情况下，投资计划审批权再度下放给地方；简化甚至废除了必要的基本建设程序及投资管理制度，把投资管理、监督和经济核算作为"资产阶级法权"横加批判，致使基本建设在 10 年中战线愈拉愈长，资金分散，致使赤字严重，给社会生产和人民生活带来了深远的不利影响。

1977 ~ 1978 年的"拨乱反正"时期，我国经济工作的主要任务是尽快扭转国民经济停滞混乱的局面。在投资领域，开始有针对性地推行一系列紧缩措施，并展开了以清理基建财务、严格投资计划管理、加强项目的经济核算和拨款监督、强化建设程序为重点的基建投资整顿工作。1978 年 4 月，国家计委、国家建委、财政部联合制发了《关于加强基本建设管理的几项规定》等 5 个文件，纠正了动乱期间的错误做法，加强了对投资的管理。投资体制重新回到高度集中管理的状态。

5.1.2 投资体制改革阶段（1979 ~ 2003 年）

1978 年 12 月，党的十一届三中全会胜利召开，中国经济体制改革及其投资体制改革正式启动，并朝着市场取向的目标逐步推进，经历了三个重要的发展时期，产生了一系列突破。

（1）初步改革阶段（1979 ~ 1984 年）。我国投资体制改革是以提高政府投资建设的效益为目标开始的。1979 年 8 月，国务院批准了《关于基本建设投资拨款改贷款的报告》，开始在基本建设领域进行“拨改贷”的试点，打破了由财政无偿拨款的计划经济模式，迈出了资金来源多渠道的第一步。1980 年扩大了施工企业的自主权，实行利润留成制度。1981 年在国营企业试行经济责任制。1982 年试行工程招投标制度。1983 年规定国家基本建设工程项目要进行可行性论证，同年开始对基本建设项目试行“包干经济责任制”。

1984 年，投资体制改革开始涉及投资决策中的计划与市场问题，重点是推进分权化、引进市场机制和加强投资责任约束机制的改革。在地方财政不断扩大，建设项目不断增加之后，对投资建设实行中央和省级两级管理。

（2）扩大改革阶段（1985～1988 年）。1985 年中国经济体制从农村到城市进入全面改革。投资体制改革主要是在前一段改革的基础上进一步深化与完善，投资管理实现简政放权和决策科学化，改革内容涉及缩小投资的指令性计划，扩大指导性计划；进一步下放审批权限，简化审批手续；加强对预算外资金管理；将国民经济评价引入建设项目决策中，建立投资项目评估审议制度；配套进行金融改革和开放资金市场；全面推进“拨改贷”制度，1988 年又将预算内安排的拨款全部转作国家投资基金。

1988 年，国务院同意有关部门制定的《关于投资管理体制的近期改革方案》，该方案在加大地方的重点建设责任、扩大企业投资决策权、建立基本建设基金、成立国家和地方投资公司、改进投资计划管理、强化投资主体自我约束机制、充分发挥市场和竞争机制 7 个方面提出了改革思路。

1989～1991 年，是中国经济的治理整顿时期，投资方面基本上没有出现什么新的改革举措。除了证券市场在这一时期有较快的发展以外，其他投资领域没有形成新的高潮。

（3）深化改革阶段（1992～2003 年）。1992 年，在国家经济体制改革进入新阶段的形势下，国家计委开始研究制定能够适应经济和社会发展的系统的投资体制改革方案。随后的改革中，一方面更加规范了对投资建设项目和投资资金的管理；另一方面逐渐明确了对投资体制的认识。

对投资项目管理方面：1992 年，国家计委颁布了《关于建设项目实行业主责任制的暂行规定》，目的在于提高国有投资的投资效益，当年确定了 64 个项目进行试点。1994 年，国务院决定撤销 6 个国家投资公司，组建国家开发银行、中国农业发展银行和中国进出口银行，作为政策性银行运用政策性投融资引导社会投资方向。1995 年，审计署要求大型项目的建设单位要设立独立的内部审计机构。1996 年，国务院对固定资产投资试行资本金制度。1998 年，国家计委将《深化投资体制改革方案》上报国务院。同年，为扩大内需，国务院决定增发 1000 亿元建设国债用于基础设施等方面的建设。2000 年，《中华人民共和国招标投标法》颁布实施。一系列措施，规范了对投资项目的管理。

对投资体制的认识方面：1993 年，党的十四届三中全会通过了《关于建设社会主义市场经济体制若干问题的决定》，确立了我国经济体制向社会主义市场经济体制转变。为了改进投资管理体制，提出把投资项目分为公益性、基础性和竞争性三类。公益性项目由中央和地方政府投资建设；基础性项目以政府投资为主，广泛吸引企业和外资参与投资；竞争性项目由企业投资建设。

2001 年，国家计委宣布，对于不需要国家投资的城市基础设施、农林水利项目、地方和企业自筹资金建设的社会事业项目、房地产开发建设、商贸设施 5 大类投资项目，投资总额在国务院审批限额（2 亿元）以下的基本建设项目，不必报国家计委审批。

2003 年，党的十六届三中全会通过《中共中央关于完善社会主义市场经济体制若干问题的决定》，指出深化投资体制改革方向是："进一步确立企业的投资主体地位，实行谁投资、谁决策、谁收益、谁承担风险。国家只审批关系经济安全、影响环境资源、涉及整体布局的重大项目和政府投资项目及限制类项目，其他项目由审批制改为备案制，由投资主体自行决策，依法办理用地、资源、环保、安全等许可手续。对必须审批的项目，要合理划分中央和地方权限，扩大大型企业集团投资决策权，完善咨询论证制度，减少环节，提高效率。健全政府投资决策和项目法人约束机制。国家主要通过规划和政策指导、信息发布以及规范市场准入，引导社会投资方向，抑制无序竞争和盲目重复建设。”“决定”明确了政府投资的范围和机制。

5.1.3 政府公共投资管理阶段（2004年以来）

改革开放以来，对投资体制进行的一系列改革，打破了传统计划经济体制下高度集中的投资管理模式，在我国初步形成了投资主体多元化、资金来源多渠道、投资方式多样化、项目建设市场化的新格局。但是，投资体制中，市场配置资源的基础性作用尚未得到充分发挥，政府投资决策的科学化、民主化水平需要进一步提高。为此，2004年7月，国务院发布了《关于投资体制改革的决定》(下称《决定》)，进一步深化了投资体制改革，明确了政府投资范围，并在我国初步形成了公共投资管理的理念。

《决定》要求转变政府管理职能，落实企业的自主权，确立企业的投资主体地位，并且在第三部分以“完善政府投资体制，规范政府投资行为”为题，针对政府投资管理提出了改革要求。《决定》要求：“合理界定政府投资范围；健全政府投资项目决策机制；规范政府投资资金管理；简化和规范政府投资项目审批程序，合理划分审批权限；加强政府投资项目管理，改进建设实施方式；引入市场机制，充分发挥政府投资的效益。”其中，合理界定政府投资范围要求“政府投资主要用于关系国家安全和市场不能有效配置资源的经济和社会领域，包括加强公益性和公共基础设施建设，保护和改善生态环境，促进欠发达地区的经济和社会发展，推进科技进步和高新技术产业化。……中央政府投资除本级政权等建设外，主要安排跨地区、跨流域以及对经济和社会发展全局有重大影响的项目。”

《决定》发布后，国家发改委和相关职能部门先后颁布和出台了一系列的行政法规和管理规定。例如，以实施和完善投资项目核准制备案制为核心，进一步扩大企业投资自主权。明确政府投资的投入方式（包括直接投资、资本金注入、补助、贴息、转贷等）和资金财务管理办法。积极推进政府非经营性项目代建制。以确定工程招投标的核准招标内容，改进投资项目委托咨询评估、工程咨询单位认定和注册咨询工程师管理办法，完善建设项目环境影响评价审批程序，实施建设项目用地预审制度等，努力强化政府投资监管。

2004 年的《决定》与以往改革的最大不同是界定了政府投资的范围。以往的投资体制改革往往包括四个方面的内容：一是关于投资的宏观调控；二是关于项目决策的权限；三是关于资金来源和运用；四是关于完善项目建设过程。以往改革的调控对象几乎包括所有的社会投资，而随着我国社会主义市场经济的发展，社会投资已经多元化，政府已不可能直接调控民间投资，投资管理体制也应该有所变化。《决定》比较清楚地划分了政府投资的范围，努力寻找哪些是该由政府做的，哪些是该由市场做的，将投资管理分为政府为主体的公共投资和以企业为主体的民间投资。新投资体制应该由政府控制的公共投资和政府引导的民间投资组成。

5.1.4　我国公共投资制度变迁的路径依赖

（1）新制度经济学对改革的解释。新制度经济学用制度变迁理论对改革做出解释。新制度经济学认为，制度变迁是一个制度不均衡时追求潜在获利机会的自发交替过程①，制度变迁的条件是制度稳定性、环境变动性和不确定性，及对利益极大化的追求②。制度的稳定性使人们能形成对未来的稳定预期，减少经济活动中的不确定性。但制度的稳定性也使其不能根据环境的变化和社会的需要而

① 〔美〕道·诺思：《制度变迁理论纲要》，载《改革》1995 年第 3 期，第 52 ~ 56 页。

② 卢现祥：《新制度经济学》，武汉大学出版社 2004 年版，第 162 ~ 163 页。

自行变更，就要求人们采取行动，改变或打破旧的稳定性，建立新的稳定性。环境的变动和不确定性，会使稳定的原来适宜的制度变得不再合适，阻碍社会发展，需要变更。新制度经济学认为利益极大化是制度变迁的动机，人们追逐利润的动机下，老的制度会因为阻碍了利润的实现，而成为改变的对象。应该说这一因素在“诱致性制度变迁”中是主要动机，但在“强制性制度变迁”中则未必是主要动机。拉坦认为制度变迁可能是由对与经济增长相联系的更为有效的制度绩效的需求所引致的，即制度变迁是诱致性的[①]。诱致性制度变迁是一些因素的变化引起制度的自发变更，我国的投资体制改革不是由市场或基层自发要求改变的，是政府认识到原有体制已经无效率而强制性的改变原有体制。林毅夫提出强制性制度变迁的概念[②]，认为强制性制度变迁是由政府命令和法律引入和实行。政府强制性改变制度显然不仅仅是以追逐利润为动机，而是以自己的经济或政治目标为动机。

新制度经济学认为制度变迁存在路径依赖，认为一种制度一旦被采用（即使在外部偶然事件下），便会沿着一定的路径发展演进，而且先入为主，很难为其他潜在的甚至更优的制度所取代。路径依赖类似于物理中的惯性，一旦制度进入某一路径就可能对这一路径产生依赖，当制度被锁定到一个均衡点上，无论这一制度是否有效率，都很难从这一路径中摆脱出来。

杨瑞龙（1998）[③] 认为我国制度变迁会经过三个阶段，提出了变迁的三种方式：“自上而下”的供给主导型制度变迁，“自下而上”的诱致性制度变迁和中间扩散型制度变迁。其中“自上而下”

---

① V. W. 拉坦：《诱致性制度变迁理论》，R. 科斯、A. 阿尔钦、D. 诺思：《财产权利与制度变迁——产权学派与新制度学派译文集》，上海三联书店、上海人民出版社1994年版，第327～370页。

② 林毅夫：《关于制度变迁的经济学理论：诱致性制度变迁与强制性制度变迁》，R. 科斯、A. 阿尔钦、D. 诺思：《财产权利与制度变迁——产权学派与新制度学派译文集》，上海三联书店、上海人民出版社1994年版，第371～403页。

③ 杨瑞龙：《我国制度变迁方式转换的三阶段论——兼论地方政府的制度创新行为》，载《经济研究》1998年第1期，第3～10页。

的供给主导型制度变迁和林毅夫提出的强制性制度变迁的概念相似，中间扩散型制度变迁指当利益独立的地方政府成为沟通权力中心的制度供给意愿与微观主体的制度创新需求的中介环节时，就有可能突破权力中心设置的制度创新进入壁垒从而使权力中心的垄断租金最大化与保护有效率的产权结构之间达成一致。杨瑞龙推断：一个中央集权型计划经济的国家有可能成功地向市场经济体制渐进过渡的现实路径是，改革之初的供给主导型制度变迁方式逐步向中间扩散型制度变迁方式转变，并随着排他性产权的逐步确立，最终过渡到与市场经济内在要求相一致的需求诱致型制度变迁方式从而完成体制模式的转变。

（2）我国投资体制制度变迁的路径分析。我国的高度集中的投资体制在新中国成立初期形成，在当时被证明是最优的、有效的，但也因此被锁定到一种均衡，形成路径依赖。由于制度的稳定性，高度集中的投资体制不能自己调节以适应环境的变化。改革开放实现了制度创新，也开始了制度变迁，强制性的制度变迁使我国投资体制逐渐多元化，也正在逐渐摆脱投资体制制度变迁的路径依赖。图5－1表示了我国投资体制的制度变迁路径。

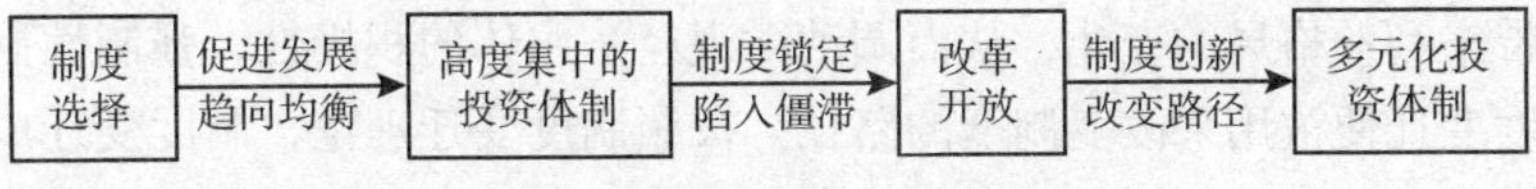

图5－1　我国投资体制的制度变迁路径

①特定环境下的制度选择。新中国成立之初，刚刚经历抗日战争和解放战争的中国国力空虚，恢复国民经济是当时政府的第一任务。恢复国民经济需要一个集中统一的经济管理体系，“高度集中”也就成了投资体制的必然选择，因为一方面高度集中可以集中国家财力，做国家最需要的事情；另一方面，苏联是社会主义建设的先行者，以苏联为模式是我国建国初对投资体制一个很自然的选择。

高度集中的投资体制相对于旧中国来说是制度的创新，为我国“一五”建设发挥了相当重要的作用。事实证明，高度集中的投资体制在当时是有效的，被理所当然地接受下来，从而也形成了对高度集中投资体制的路径依赖。

②制度锁定，陷入路径依赖。经济的快速恢复使高度集中的投资体制得到认可，后来虽然在“大跃进”和“文革”时期出现了下放权力等制度变化，但由于制度变更的条件并不成熟，其变化的方向也根本不适合当时国情，所以这一制度变化并不能改变高度集中投资体制的路径。相反，这样的反复使高度集中的管理体制更加成熟，并且实现了制度均衡。投资体制被锁定在高度集中的制度中，并出现路径依赖——即使进行变更，也仍然是高度集中的。随着经济形势和社会因素的变化，投资权力的高度集中使微观经济主体失去了活力，经济效率低下，人民生活水平难以得到提高。此时制度已经僵滞，虽有制度变迁的要求，但因为路径依赖，诱致性制度变迁基本上没有条件发生。

③强制性制度变迁，改变路径。当政府的政治重点由阶级斗争转向经济建设后，政府的目标变成了提高人民生活水平。原有制度陷入僵滞后，几乎不再能给经济带来活力，只有通过制度创新才能带来利益格局的变化，从而调动微观经济主体的积极性，强制性制度变迁便被用来改变制度的路径。按照制度变迁理论，制度变迁成本巨大，只有变迁的预期收益大于成本，制度变迁才会发生。我国制度变迁的发生正在于有着巨大的预期收益，而变迁的成本相对不大。成本不大的原因在于：“十年动乱”使人们有了变更原有制度的预期，比较容易接受新制度，对旧制度的变更成本较小；政府推动的制度创新是中央政府放弃一部分利益，其他主体获得利益，这样的制度创新成了经济发展的推动因素，新制度的推行成本较小。所以，我国1979年的强制性制度变迁是在政府目标改变后，顺应社会需求而进行的，也因而是成功的。

④形成多元化投资体制。我国制度变迁的根本目标是提高人民

的生活水平，并不是改变高度集中的经济体制。但随着改革的深入，制度制定者发现正是高度集中的经济体制阻碍了劳动积极性的提高，高度集中的经济体制便成了制度创新的目标，制度变迁便进一步发展，多元化投资体制也逐渐形成。强制性制度变迁使原有的制度均衡被打破，利益的分配也发生了变化，地方政府和微观经济主体有了更多的获利机会。为了追逐利润，地方政府和微观经济主体会对自己所处的正式的、非正式的制度安排做出调整要求，实现微观上诱致性的制度变迁，微观经济主体逐渐成为制度变迁的主要力量，多元化的投资体制也因此形成。

（3）我国公共投资体制的路径依赖。经过50多年的制度发展，我国公共投资的理念逐渐形成，并且投资体制也正逐渐形成由公共投资体制和民间投资体制组成的多元化投资体制。但公共投资体制仍然对高度集中的投资体制存在路径依赖，并且会影响公共投资的效率。

我国投资体制制度变迁出现的最大变化，是政府不再直接管理竞争性的投资，并对政府投资提出了公共投资的理念。所以，公共投资体制其实是多年来以政府为主体的投资体制的延续。“人们过去做出的选择决定了他们现在可能的选择①”，我国公共投资体制仍然受到高度集中的管理体制的路径影响，具体表现在：第一，在投融资上，虽然扩大了地方政府和部门行政事业单位的投资自主权，但融资权力仍由中央政府集中；第二，投资决策权力集中于政府部门，运用公共选择手段不足，对社会公共需求考虑不足；第三，投资效果的评审权力集中于政府部门，社会成员影响投资效果的能力有限。这些路径依赖使政府部门愿意掌握集中的权力，从而使社会成员对公共投资的参与度不够，公共投资未必能有效反映社会公共需求，造成投资效率损失。

---

① 〔美〕道格拉斯·C·诺思：《经济史中的结构与变迁》，上海三联书店1991年版，第1~2页。

按照杨瑞龙的三阶段理论，在中间扩散型向需求诱致型制度变迁方式的转变过程中，中央政府和地方政府逐步从竞争性投资领域退出，主要从事非竞争性的投资活动①，最终过渡到需求诱致型制度变迁方式，与市场经济内在要求相一致。按照这一路径，经过政府部门与社会成员的博弈，我国公共投资体制最终会过渡到诱致性制度变迁方式。在诱致性制度变迁中，不仅政府，社会成员也会成为制度变迁的重要参与者。社会成员的参与程度加大，能够逐渐改变投资决策、效果评审集中于政府的现状，从而摆脱对高度集中的路径依赖，提高公共投资效率②。

5.2 我国公共投资宏观效率损失——公共选择问题

我国公共投资宏观效率不高，表现在提供公共物品的规模不足和结构不合理。我国处于社会主义初级阶段，人民生活水平落后，对公共物品的需求较多，但在财政支出中，政府支出的行政管理等费用过高，挤占了公共投资规模，使社会公共需求不能得到有效的满足。在现有的公共投资中，也存在公共投资“过剩”和“不足”共存的结构失调问题，公共投资的项目不是公众急需的，而公众急需的公共物品又得不到满足。比如，一方面城市在大建（甚至重复建设）形象工程；而另一方面农村基础设施却得不到基本的建设和维护。能够充分反映社会公共需求的公共投资才是有效率的，我国公共投资没有有效满足社会成员的实际需要，就是效率损失，原因主要是公共投资的决策者和需求者脱节，决策者没有（似乎也不必要）了解公众需求，而公众也缺乏表达自己实际需求的渠道。造成宏观效率损失的重要原因是我国公共投资决策中存在的公共选择问

---

① 杨瑞龙：《制度变迁方式的转换与我国投融资体制的演变（续）》，载《教学与研究》1998 年第 11 期，第 24～27 页。

② 这里不是说高度集中的体制就是无效率的，而是社会成员的广泛参与和公共投资透明度的提高，能够加强对公共投资的监督，相对于监督不足的高度集中的投资体制来说，加强监督能够提高公共投资效率。

题——公共选择的渠道和规则缺失，公共选择中信息不对称，以及利益集团的影响等。

由制度变迁分析可以看到，我国高度集中的投资体制在陷入僵滞之后就不再具有高效率。改革开放以后，社会成员广泛参与的制度创新给投资体制带来了活力，但在改变了对高度集中体制的路径依赖后，社会成员如何有效参与到公共投资体制中来？如何表达他们的需求偏好？这是公共投资体制必须解决的问题。

5.2.1　公共选择的起因

公共选择研究的主要目的就是有效提供公共物品，满足社会公共需求。公共选择是研究集体决策的科学，公共物品的特征构成了集体选择（公共选择）的存在理由①。受益的非排他性和消费的非竞争性，使公共物品的消费存在“免费搭车”的问题。市场机制不能提供或只能少量提供社会需要的公共物品，所以需要通过公共选择来决定生产什么公共物品、如何生产和为谁生产的问题，以及决定每个社会成员为公共物品的供给所必须承担的份额（税收份额）为多少的问题。

萨缪尔森定义公共选择理论“是一种研究政府决策方式的经济学和政治学，考察了不同选举机制运作的方式，指出了没有一种理想的机制能够将所有的个人偏好综合为社会选择；研究了当政府干预不能提高经济效率或收入分配不公平时所产生的政府失灵”②。公共选择理论将人类社会分为两个市场——经济市场和政治市场，并且“如同经济学一样，公共选择的基本行为假设是，人是关心个人利益的，是理性的，并且是效用最大化的追逐者”③。公共选择

---

① 〔美〕丹尼斯·缪勒著，王诚译：《公共选择》，商务印书馆 1992 年版，第 15、5 页。

② 〔美〕保罗·萨缪尔森、威廉·诺德豪斯：《微观经济学》，人民邮电出版社 2003 年版，第 264 页。

③ 〔美〕丹尼斯·缪勒著，王诚译：《公共选择》，商务印书馆 1992 年版，第 5 页。

认为在经济市场和政治市场上活动的是同一个人，没有理由认为同一个人会根据两种完全不同的行为动机进行活动①，所以一个人不可能在经济上是利己的，而在政治上却是利他的。无论在经济市场，还是政治市场，人都是追求效用最大化的。公共选择理论认为政府的决策过程是与经济市场类似的，由供求双方相互决定。在经济市场上，活动的主体是消费者和厂商，他们之间交易私人物品；在政治市场上，活动的主体是选民、利益集团和政治家、官员。选民和利益集团是政治市场的需求者，政治家和官员是政治市场的供给者，政治家把政策卖给选民，获得选票，他们之间交易的对象是公共物品。在经济市场上，人们通过货币来选择能给他们带来最大满足的私人物品；在政治市场上，人们通过选票来选择能给他们带来最大利益的公共物品、政治家、政策和法律制度。图 5－2 反映了公共选择的理论逻辑。

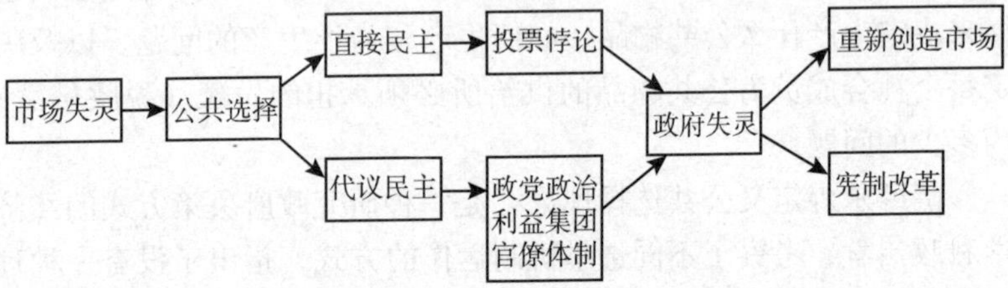

图 5－2　公共选择的理论逻辑

公共选择的理论逻辑是，在对公共物品的供求上存在市场失灵，必须由公共选择的方式来解决公共物品的生产与供给问题。公共选择可以采用直接民主和代议民主的方式。直接民主由选民直接投票来表达其对公共物品的偏好，通常所用的投票规则有一致同意规则和多数同意规则，不同的投票规则对公共选择的结果和个人偏

① 在传统的西方经济学中，政府与厂商、消费者具有性质完全不同的行为，只有厂商和消费者才是利己的、理性的，政府及政府官员则是公正、利他的。

好的满足程度有着不同的影响。一致同意投票可以使全体选民的偏好得到满足，但决策成本太高，没有决策效率；多数同意投票则会使一部分选民的利益受损，并且还可能会出现循环投票悖论等问题，阿罗证明了依靠多数同意规则产生出协调一致的社会决策方案是不可能的，因而导致了政府失灵。代议民主制下，选民并不直接对候选人或公共政策进行投票，而是选举出少数人作为代表，由代表来决定所需采取的集体行动（是一种间接民主）。在政府决策过程中，具有相同利益的投票人往往结成利益集团来操纵政局。利益集团一方面为缺乏信息的选民提供有利于自己的信息，鼓动选民支持自己；另一方面又向政府官员游说，鼓动他们批准对本集团有利的议案，这样，利益集团、政客和官僚结成“铁三角”来谋求利益。这种民主制下，政府表面上代表公共利益，实际上的政策可能是有利于少数人的，显然是非效率的，也会导致政府失灵。为解决政府失灵的问题，公共选择理论给出了不同的方法。芝加哥学派①的方法是“重新创造市场”。尼斯卡兰提出②，将私人市场办法运用扩大到公共服务中，在行政机构之间引入竞争，重构公共部门的激励结构。弗吉尼亚学派③则提出了“宪制改革”的方法，包括修改宪法中的相关规则，或通过制定限制政府权力的法律法规，明确政府制定政策的规则和程度，指导和规范政治家、经济管理者的行为。即通过改革宪政从根本上达到约束政府权力、规范政府行为，减少或避免政府失灵的发生。

可见，公共选择问题主要是：在集体决策时，社会成员的需求偏好不能或不愿充分显示的问题；在代议民主制中，公共决策可能被政客、官僚和利益集团操纵的问题。

---

① 公共选择理论中的芝加哥学派的思想源流主要来自于西方经济学芝加哥学派弗里德曼等人的思想，学术领袖是斯蒂格勒（G. Stigler）。

② W. A. Jr Niskanen, Bureaucracy and Representative Government, Chicago, Aldine-Atherton, 1971, chapters 18 - 20.

③ 该学派强调方法论上的个人主义和宪法政治经济学，代表人物是布坎南（James. M. Buchanan）。

公共投资决定着政府提供什么、提供多少公共物品和服务，是直接反映社会公共需求的过程，是社会成员表达需求偏好、政府官员做出决策的过程。所以，公共投资面临的公共选择问题：一是社会成员的需求偏好能否得到充分表达；二是政府官员的决策是否符合社会成员对公共物品需求偏好的表达。

5.2.2 我国公共投资中的公共选择问题

在传统的高度集中的投资体制下，所有的决策权都集中在政府(主要是中央政府)，因为缺乏偏好显示机制，社会成员只是决策的被动接受者，投资决策很难保证能够反映人民的需求偏好。投资体制改革后，社会成员更多地参与到投资中来，但对于公共投资决策的影响仍然有限。要使公共物品供给能够体现群众的利益和要求，仅凭政府工作人员的工作愿望是不够的，必须有一套能够把群众利益和要求由下而上及时进行传达的偏好显示机制，有一套科学的制定决策的公共选择机制。我国公共投资体制中存在一些降低公共投资效率的公共选择问题。

(1) 我国社会成员的偏好显示制度不发达、不健全，下情上达的渠道不多，有时候不畅通，使公共决策和公共投资的效率低下。

我国社会成员参与公共政策、影响公共投资决策的途径不多，主要有：

第一，参与选举活动。选举投票是我国公民表示偏好和意愿，影响公共政策的主要途径和重要手段，包括选举和一些公决活动。目前，我国许多与选举有关的制度、措施尚不完善，在充分体现社会民主、体现公民的要求和意愿方面尚有许多不足。主要表现在：一是我国人大代表直接选举的层次还比较低，只有乡镇和县级人大代表为直接选举产生，而更高一级的人大代表则由下一级人民代表大会选举产生，这种多重间接选举使得群众所表达的意愿需求不可避免地会产生遗漏和失真的现象，造成信息传递的阻碍；二是由于省、市及全国人大代表不是直接选举产生，他们与群众的联系比较少，公民也没有常规的途径向其表达意愿，因此公民无法通过人大代表对公共政策的制定和实施施加影响；三是政府各级主要官员的当选任用依然更多受到自上而下的权力影响，一些官员的“惟上”心理十分严重，在干部和群众关系问题上缺乏对群众利益需求的制度或强制性的回应。所以，我国社会成员通过投票选举影响公共政策、参与公共投资决策的效力受到很大限制。

第二，公民听证会。我国从1996年正式确立了法制的听证制度。进入21世纪，公民听证会已经在我国很多地方广为实行。但目前来看，公民听证会的实行还有许多问题：一是听证会代表的遴选不够科学，各类听证会的代表该按什么程序挑选，如何才能保证代表的公正性、代表性，尚缺乏严格的操作规程；二是一些听证会多流于形式，大多情况下公众的意见不能通过听证会进行充分表达，决策部门对听证代表的意见取舍过程和依据也很少公布，以致听证会难以发挥有效作用。

第三，信访制度。信访制度是我国创造的一种特殊的党和政府联系群众的制度。作为一种社会活动，信访是我国公民政治参与的重要渠道。但由于信访机构只是一个接收和反映信息的部门，没有解决问题的权能，所以这一制度发挥的实际作用有限。

第四，参与社团活动。我国现有社团主要包括两类：官方社团和民间社团。官方社团主要有工会、妇联、共青团、残联等，这些团体主要维护各自所代表的那部分群众的利益，把群众的意愿和要求及时反映给党和政府。这些社团实行行政管理，并不是完整意义上的利益群体，公民通过这些社团影响公共政策的力度比较小。我国的民间社团最近几年发展很快，是由利益相同的人群自发组成的，能够较好地代表自身的利益。

第五，参与政党活动。这是我国公民通过组织方式参与影响公共政策的重要方式。在我国，除了执政党之外，还有作为参政党的八个民主党派，他们是各自所联系的社会主义劳动者或爱国人士的代表，起着重要的参政、议政的作用。我国的多党合作制是一种非竞争性的政党制度，同西方的多党制有很大的区别。

第六，其他渠道。目前在我国很多地区都有了公众接待日、市长热线电话、人民建议征集制度等这些有助于公民参与的渠道，公民可以通过这些渠道将自己的建议反映给政府部门。

应该说我国公民表达需求偏好的渠道正在多样化，但多是一些政策性的尝试，或自发的形式，尚未形成有效的制度安排，相对于日益扩大的社会公共需求，公民表达需求偏好的渠道仍然过于狭窄。在社会公共需求不能充分表达的情况下所做出的公共投资难以保证是有效率的公共投资。

（2）在公共选择的规则上，存在操纵规则、信息不对称等问题，使公共决策和公共投资受控于决策部门。

相对于一致同意规则，多数同意规则（少数服从多数）操作性较强，运用起来也较简便，所以少数服从多数是公共选择中常用的决策规则，也是我国公共投资决策中最常用的规则。

在解决多数同意规则所导致的决策议案中出现循环“投票悖论”的问题时，孔多塞在1785年提出，可以按照预先设计好的程序对各种备选方案进行两两比较；或者按照“序数程序”法，每一个投票人首先按照自己的偏好次序来排列各种备选方案，然后按照偏好次序对不同的备选方案计数，将各投票人对同一方案的计数进行加总，得分多的方案获胜；或者按照“淘汰程序”来进行逐轮角逐，最后总会有获胜者。

可见，在多数同意规则下，操纵投票程序可以控制表决结果，这是多数同意规则的一大缺陷。

我国公共选择中多采用多数同意原则，在规则制定上存在着易受操纵、信息不对称等问题。

第一，公共选择规则受有关部门操控，使公共选择的结果很难代表多数人的利益，比如听证制度。2004年9月2日，北京居民电价听证会上，协商的问题不是涨与不涨，而是单方面地由有关部门提出的两个调价方案：涨0.03元还是0.05元。2004年9月10日，郑州市城市供水价格改革暨调整听证会，也是两种涨价方案，结果理所当然是“代表100%同意水价上涨”。2005年9月27日，全国人大有关部门对个人所得税免征额问题举行立法听证会，听证代表的选择方式是，申请人提出书面申请并表明观点，由有关部门从申请人中选择20名代表，这样的选择方式很容易操纵听证结果。另外，我国常用的差额选举、等额选举，限制了候选人的选择，也是规则制定的问题。

第二，公共选择的程序规范问题。程序规范问题有两个方面：一是有没有制定规范的程序；二是程序有没有得到规范的执行。随着我国经济体制改革的深化，政治体制改革也取得了较多的成绩，一些新的公共选择理念和方式在中国逐渐出现。对于新的公共选择方式，由于缺乏经验，也因为存在既得利益不愿放弃的问题，规则的制定缺乏规范的程序。比如价格听证制度，没有明确的听证标准和操作规程，每一项听证可能会根据自己的需要制定不同的程序，破坏了制度的稳定性。另外就是制定了程序，却没有得到规范的执行。由于长期受集权体制的影响，我国法律程序一直得不到应有的重视，实践中重实体轻程序的现象相当普遍。决策者往往只追求决策权力的实现程度，而不重视决策权力在行使过程中是否具有程序合法性，违反法定程序的行为屡见不鲜。比如，在我国的村民自治制度中，《村委会组织法》规定了明确的选举程序，但在实践中，有人认为农民素质偏低，不具备村民自治的能力，于是出现一些党政工作人员在指导村民选举时，在程序和实体上，直接或变相干预村民选举。

第三，我国公共选择的规则中存在信息不完全或信息不对称。一是公共选择规则的制定中存在信息不完全。我国多数公共选择的规则制定是由人大代表做出的，而人大代表的产生过程存在信息不完全和信息不对称的情况。我国人大代表的选举主要采用间接选举，公民参加直接选举的层次只能是县级以下的人大代表，县级以上的人大代表只能由下一级的人民代表大会选举产生。在这种多层次的间接选举过程中，人民群众的利益要求和愿望的传递会发生信息失真现象，人大代表不能充分反映人民群众的信息。所以，信息不充分的情况下产生的人大代表参与制定的公共选择规则，也很难充分反映社会公共需求。二是公共政策的决策过程存在信息不对称。比如，决定公共投资规模和投向的财政预算，需要由人大代表审议。一方面，我国人大代表的政治理论和知识水平不高，参政议政的技能普遍较低，公共精神比较缺乏①，处理信息的能力有限；另一方面，政府提供的财政预算只反映了财政收支的大概情况，人大代表看不到公共资源的具体配置。由于信息不对称，这样的财政预算使本来就不专业的人大代表更难对财政预算做出合理的评价。

（3）我国公共选择中存在利益集团问题，使公共投资可能过于偏向满足强势利益集团的公共需求，忽视弱势利益集团的公共需求。

我国的全国人民代表大会制度是代议民主的一种表现形式，由于不是多党制，西方公共选择中的政党之争在我国并不存在，但我国也存在利益集团，公共选择的过程也存在利益集团问题。

利益集团是享有共同利益的个体组成的团体，不论其结构是松散的还是严密的，都会追求集团的自身利益。利益集团是政治主体的一个重要因素，在西方国家的立法行政过程中产生重要影响。利益集团的目的是向国家公共权力机构施加影响，以维护自身利益。在西方，当一个利益集团确定了自己的要求，就会在议会或选举中，通过游说、资助议员、借助媒体宣传、行贿等手段，对公共政策的立法过程施加影响。利益集团在公共选择中具有一些积极作用。比如，利益集团的存在加大了不同阶级、阶层集团、派别对于政治权力和政府决策的影响，也使政治决策过程中更加关注各方的

---

① 施雪华、孔凡义：《代议民主的制度规则与中国全国人民代表大会制度的改革和完善》，载《理论月刊》2006 年第 9 期，第 5～10 页。

利益；利益集团间的博弈可以在政策制定和立法过程中起到制衡的作用，在一定程度上，利益集团的相互竞争又可抵消集团权利的自我膨胀。当然，利益集团的发展也会损害公共选择规则。比如①，利益集团为了追求私利，提供给决策者的信息会有偏见，易对决策者起误导作用；由于少数利益集团过于强大，其他利益集团无法与之相比，使政策制定过于偏向少数利益集团，从而损害公共利益；利益集团通过行贿等非法手段与政客勾结，直接导致金钱政治；低收入的人与富人相比，在利益集团中缺乏强有力的代表，难以维护自身利益，使社会不平等增加。

从西方社会利益集团的发展过程来看，西方社会利益集团一般具有自发性、对抗性特征，强调均衡和相互制约，缺陷在于易于形成金钱政治。在中国的市场化过程中，原有干部、工人、农民阶层不断分化，私营企业主、管理人员、专业技术人员等新生阶层迅速崛起，社会的整体性利益结构趋向多样性，近年来不断涌现一些新的利益集团。不同于西方的利益集团问题，中国的利益集团问题表现在发展不平衡、参与公共决策的渠道不畅通。

第一，我国利益集团发展不平衡。改革开放以前，我国存在干部、工人、农民等阶层的划分，在计划经济条件下，各阶层利益差别并不明显，利益集团的特征也不明显。但改革开放改变了利益分配格局，一部分人凭借自身的地位优势、权力优势、资源优势，形成了“既得利益集团”。改革下的制度变迁使既得利益集团不断放弃既得利益，民营企业因获得这些利益而逐渐发展壮大起来，逐渐形成新的利益集团，并且逐渐成为强势集团；与之相对应的是工人和农民逐渐变成更加弱势的利益集团，其利益不仅难以得到维护，甚至常被既得利益集团和强势集团所损害。强势利益集团和弱势利益集团的发展极不平衡。我国强势集团逐渐形成行业协会、行业联盟、俱乐部、研究所等组织形式，对公共政策的决策影响能力大；

① 许云霄：《公共选择理论》，北京大学出版社2006年版，第122页。

而弱势利益集团则缺乏有效的组织机构，即使有正式组织，也很难代表他们的利益。例如，占中国人口绝大多数的农民至今还没有一个正式的组织；本应代表工人利益的工会事实上官僚化、行政化了，工人的利益被忽视。并且，弱势利益集团的组成人数众多，按照奥尔森的集体行动理论，小集团比大集团更有效①，弱势集团对公共政策的影响很小，其公共利益的获得要靠决策机关是否能认识到或社会呼吁。

第二，我国利益集团的行为没有规范化，参与公共决策的渠道也不畅通。利益集团只有自觉采取公开、合法的手段去影响公共政策的制定和实施，才能获得公众的认可，才能对政治过程产生积极的作用。目前，由于我国还没有规范利益集团行为的专门法规，所以，不管是强势利益集团还是弱势利益集团的行为，在很多方面还没有规范化、制度化。结果是，没有法律依据可以规范和限制强势利益集团的不当行为进行，也没有法律依据给弱势利益集团提供利益表达方式。在利益集团发展不平衡的情况下，我国利益集团参与公共决策时存在的问题主要表现在：强势利益集团凭借它所掌握的大量组织、经济和文化资源，过分影响政府政策，甚至主导改革的方向。新制度经济学认为，制度演进的方向是由社会中处于强势地位的利益集团决定的。但由于缺乏规范的渠道，我国强势利益集团可能会利用贿赂、个人关系网，借助媒体或向某些有利益偏向的研究机构游说等方式，影响公共决策部门，使其失去独立性和公正性，从而达到影响公共决策的目的。弱势利益集团则缺乏参与公共决策的组织、经济、社会和政治资源，在公共决策中话语权微弱。由于缺乏规范的渠道，工人、农民等弱势群体维护自身的利益，常采用静坐、示威，甚至对抗政府等一些过激的行为，希望通过施压的方式影响政府的决策。

---

① 奥尔森在其《集体行动的逻辑》一书中指出，因为存在“搭便车”的行为，大集团的成员不会自愿地采取行动来实现共同的集团利益。

我国现实的情况是，由于各利益集团参与公共决策的渠道都不规范、不畅通，强势利益集团对公共决策的影响更大，使公共投资（尤其是地方公共投资）偏向于改善投资环境，而不管投资企业的污染；改善城市生活环境，而忽视农村生活、生产条件，占人口数量最多的弱势利益集团的公共需求往往被忽视。

5.2.3　提高公共决策效率的宪制改革及其对我国的启示

在公共选择中，不管是直接民主还是间接民主，都存在一些缺陷使政府失灵。为解决“政府失灵”造成的效率损失问题，布坎南提出了宪制理论。宪制理论认为凯恩斯主义的政府干预政策导致了效率损失，主张自由主义，对政府权力应该施加宪法约束。我国不存在自由化的条件，但宪制理论在提高政府效率方面的论述，对我国公共投资决策具有一定的借鉴意义。

（1）宪制理论的基本论述。宪制理论认为政府失灵的根源是宪法约束失灵，不可能只通过对个人的行为施加影响来提高效率，改革的重点应该放在决策或政策制定的规则上，最根本的决策规则就是宪法，所以解决政府失灵的根本办法是改革宪法。

布坎南在《规则的理由》中区分了规则和规则之下发生的行为[①]，规则是一项活动的运行规范，人们可以通过制定不同的运行规范来变更规则；规则之下的行为则是在规则确定之后，人们在规则之下选择自己的行为方式。于是，规则可以分为三个层次：一是操作层次，即在规则之下的执行，比如对现行法律的执行；二是规则层次，即对规则本身的选择，比如制定什么样的法律；三是元规则，即对规则之规则的选择，是从各种规则间做出选择的更抽象的规则，包括改变法律本身和现行成套法律规定的原则，也即对宪法的选择。

---

① 杰佛瑞·布伦南、詹姆斯M·布坎南：《规则的理由——宪政的政治经济学》，中国社会科学出版社2004年版，第6~8页。

布坎南的规则决定论强调程序的重要性，认为过程比结果更重要，决策规则决定决策效果，决策规则重于决策效果。在集体决定中，只要规则是公平的，结果就是公平的；只要规则是有效率的，结果就是有效率的。只要某项活动是按事先商定的规则进行，规则得到一致的自愿同意，不管结果如何，都应视为公平的。规则公平来自其制定的过程，只要制定规则的过程经过了一致同意，规则就是公平的。集体决策的规则是个体系，这个体系是相对固定和持久的，地位相当于宪法。宪法是在集体决策之前制定的，决策规则先于决策，宪法存在于立法和决策之前。宪法高于政府，立宪阶段达成的宪法契约是对政府的约束。所以，宪法是规则中的最高层次，是规则的规则，宪法是影响其他法律的立法和执行的最重要的制度环境，也是限制政府权力、保护规则过程公正的重要因素。

既然规则是至关重要的，决定规则的标准也是至关重要的。布坎南认为不同决策规则将导致不同的结果，经一致同意得出的决定最为公平，不会对任何个人的权益造成危害。所以，建立和修改规则的标准是一致同意。布坎南对一致同意的理解比较宽泛，认为“一套规则，从理论上说必须来自于普遍同意。不过基本规则本身可以规定采取行动的程序，无论它是私人还是集体行动，而无须政治体内的全体成员在行动或主观上的同意或认可”①。但是，一致同意规则在实际中并不可行，布坎南和塔洛克提出了最优决策规则②，即考虑决策成本后能够产生最大净收益的规则。决策成本包括外在决策成本（简称外在成本）和决策时间成本（简称决策成本）。外在决策成本指在集体决策中，其他人的行动使单个人需要承担的不利影响或效用损失，随集体决策所需要赞

① 杰佛瑞·布伦南、詹姆斯 M·布坎南：《规则的理由——宪政的政治经济学》，中国社会科学出版社 2004 年版，第 31 页。

② 詹姆斯 M·布坎南、戈登·塔洛克：《同意的计算——立宪民主的逻辑基础》，中国社会科学出版社 2000 年版，第 66～89 页。

成人数的增加而递减（如图 5－3a 所示）。决策时间成本指单个人为了使集体决策得到所需的赞同人数规模而花费的时间和努力，比如讨价还价、修改议案等，随集体决策所需要赞成人数的增加而增加（如图 5－3b 所示）。

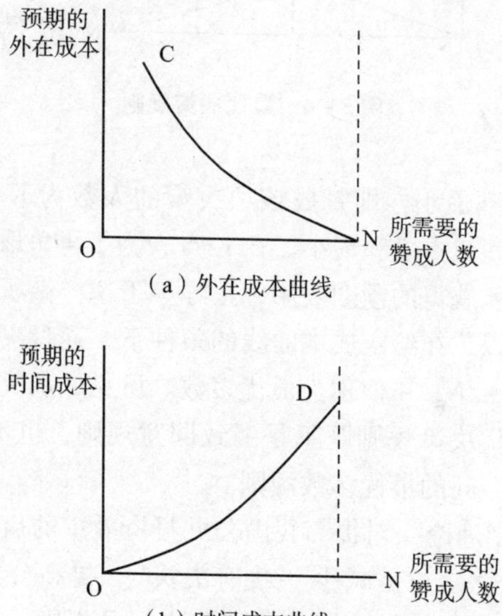

图 5－3　外在决策成本和决策时间成本

图 5－3 反映了决策的成本和集体决策所需要赞成人数的关系，其中，C 表示外在决策成本，D 表示决策时间成本。可见，在一致同意规则下，决策的时间成本可能无穷大，而外在成本可能为零；在个人独裁规则下，外在成本可能无穷大，而决策时间成本可能为零。两类成本之和最小的规则便是最优决策规则（如图 5－4 所示）。

如图 5－4 所示，布坎南和塔洛克将 C 和 D 两条曲线垂直相加，得到（C＋D）曲线，表示相应的 N 值下的两类成本之和。（C＋D）

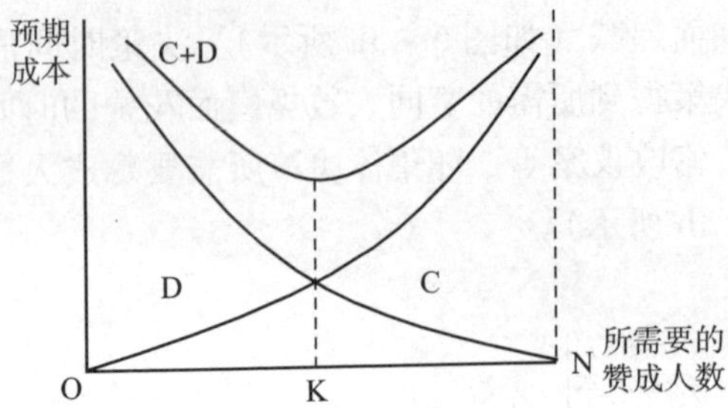

图 5-4　最优决策规则

曲线在 K 处达到最小，即赞成该项决策的人数为 K 时，所对应的外在成本和时间成本之和最小。在 K 点，为了再争取一个人支持而修订决策方案所获得的预期效用，正好等于这样做所带来的预期的时间损失。所以，在给定成本曲线的条件下，通过决策方案的最优多数的比例是 K/N，K 值称为最优多数。可见，从决策成本最小化的角度看，最优决策规则既不是一致同意规则，也不是独裁规则，而是介于二者之间的最优多数规则。

(2)“宪制理论”对提高我国公共投资效率的启示。宪制理论认为公民的有效参与是减少“政府失灵”、提高公共决策效率的重要条件；公民有效参与公共决策的依据是规则，尤其要依据规则中的和制定规则时的程序；决策中，规则的标准应该尽量选择最优多数规则。在我国，公共投资决策中存在着社会成员参与不足，决策规则受操纵等问题，宪制理论为我国公共投资决策提供了一些启示。

第一，要使公共投资符合公民的实际需求，应该在公共决策中重视公民的治权。我国公民行使权利的人民代表大会制度是代议民主制。与直接民主相比，代议民主最大的特征是主权和治权的分离。在代议民主下，公民保留着最终的控制权——“主权”，而立法权、行政权和司法权等这些直接的政治权力，即“治权”，则由公民选举的代表或者政府掌握。分离并不代表放弃，公民的主权可以通过监督来控制政府治权，从而实现公民的治权。但在我国公民监督的能力有限，由于我国的人大代表多是通过间接选举产生的，他们（尤其是全国人大代表）与一般公民之间的距离较远，与一般公民之间信息沟通比较困难，并且与公民之间也没有直接的委托代理关系。因此，无论是法理上还是实践中，一般公民都很难监督和控制人大代表。即使人大代表能够反映一部分人的社会需求，但人大代表对其他机构的监督和控制却也是很微弱的。“实际上，中国的全国人民代表大会还不是通常意义上的立法者和监督者，更贴切地说，它的宪定权力还没有得到充分的发挥”①。

所以，在我国的公共决策中，公民的主权并不能够得到很好的维护，决策的结果自然不能反映公民的实际需求。要使公共投资能够符合公民的实际需求，应该在公共决策中加强公民监督，维护公民的主权，并重视公民的治权。一方面，要通过完善人民代表大会制度，加强公民和人民代表大会对政府职能决策部门的监督；另一方面，政府需要改变传统管理模式下作为单一公共事务管理主体的权威观念，建立积极的契约合作意识，展开与公民及其团体的合作治理。通过制度变迁，为公民的参与治理创设必要的法律与制度平台，以加强公民在公共决策中的治权，从而使决策更符合公民的实际需求。

第二，在公共决策中，应该认识到程序的重要性。布坎南强调程序的重要性，认为过程比结果更重要，只要程序是公平的，结果就是公平的；只要程序是有效率的，结果就是有效率的。程序的作用首先保证了公平。从规则运行和规则产生的程序看，人们在建立规则时，都对未来处于无知的状态，只要制定出的规则是人们一致同意的，并且严格按照规则的程序执行，这个规则便是公平的。并且，在公共决策中，程序在宪法上承载着实现个人权利、落实宪法理念的重要作用。当公共活动涉及到个人基本权利时，公众有权提

---

① 孙哲：《全国人大制度研究》，法律出版社2004年版，第4页。

出自己的观点和主张，需要有必要的程序使公众参与到公共决策中。其次，程序的存在保证了规则的稳定性。程序的存在可以保证规则和政策得到严格、完整的执行，不会被外界的临时因素所干扰，从而稳定地发挥作用。

在我国，人们在讨论如何提高公共投资效率的问题时，更多的是提出具体的应对政策，往往忽略政策执行的程序。经常出现因为存在超越程序的特事特办，一项政策在试点时效果良好，一旦政策推广，因不再是特事，不能特办，政策效果大打折扣。无疑，解决问题时，具体的对策是重要的，但公正的程序也是不可缺少的。我国在公共决策中应该重视程序的作用。公正的程序可以保证公众对公共决策的参与，有机会表达公众的偏好，正确显示公共需求，使公共投资能够更有效地反映社会公共需求。公正的程序还可以保证政策的公正执行，只有严格按程序操作，有效的政策才能发挥有效的作用。

第三，公共决策中，应该尽量优化决策规则。公共选择理论在同时考虑外在决策成本和决策时间成本的研究中，得到最优的决策规则是最优多数投票规则的结论。但由于没有通用的数量标准确定多数，最优决策规则缺乏可操作性。按什么规则确定多数规则？确定时所用的规则又依据什么规则？都没有明确的标准。在决策实践中，需要决策者按照外在决策成本和决策时间成本尽量低的基本原则，根据自身经验选择尽量优化的决策规则。在我国，规则制定者和社会公众之间没有直接的委托代理关系，缺乏对决策者的监督，所以，需要建立对规则制定者的激励与约束机制，配合公正的决策程序，可以优化公共投资的决策过程，提高公共投资的决策效率。

5.3 我国公共投资微观效率损失——委托代理问题

公共投资的微观效率损失主要是投入产出不高，资金使用不合理，或存在浪费。私人投资者以利益最大化为目标，只需要考虑投资的成本收益而不必考虑社会效果，投资过程简单，目标明确。公共投资则关系社会公众的利益，从决策到执行，涉及到社会公众、权力机关、政府、企业等多个行为主体，不同行为主体又有不同的效用目标，多个目标共存容易产生矛盾甚至冲突，就造成了微观投资中的效率损失。公共投资微观效率的损失主要来源于投资过程中的信息不对称，以及由此形成的委托代理问题。

5.3.1 公共投资中的委托代理问题

(1) 委托代理理论。委托代理问题是由于信息不对称而引起的。信息不对称是指交易的参与者掌握相关信息的程度不同，一方知道而另一方不知道，或者一方知道得更多，另一方想获得更多信息必须花费巨大的经济成本。信息不对称导致交易双方在决策中处于不对等的地位，造成效率损失。1970 年，阿克洛夫(Akerlof) 在《"柠檬" 市场：质量、不确定性与市场机制》一文中，首次分析了交易双方的"不对称信息"可能导致效率损失，将信息问题引入到经济学分析中，开创了以委托代理理论为核心的信息经济学。

信息不对称的交易双方有一方拥有信息优势，一方具有信息劣势，委托代理将交易中有信息优势的一方称为代理人，另一方称为委托人。委托代理关系就是交易中信息优势参与者与信息劣势参与者之间的关系。常见的委托代理关系是委托人将资产委托给代理人运用，代理人付出努力，委托人付出报酬，比如雇主和雇员、股东和经理之间的关系。委托代理关系背后隐含的假定是，代理人的信息优势会影响委托人的利益，或者说，委托人不得不为代理人的行为承担风险。委托代理理论有两个基本假设：

第一，委托人和代理人之间的利益是相互冲突的。委托代理理论中，委托人和代理人都是经济人，行为目标都是为了实现自身效用最大化。委托人最关心代理人带来的结果，代理人最关心自己付出的努力。委托人的收益直接取决于代理人付出的努力（代理人的成本），代理人的收益就是委托人的成本（支付的报酬）。因而，委托人与代理人相互之间的利益是不一致的，甚至是相互冲突的。由于利益的相互冲突，代理人便可能利用委托人委托的资源决策权谋取自己的利益，产生所谓的代理问题。因而，委托人与代理人之间需要建立某种机制（契约）以协调两者之间相互冲突的利益。

第二，委托人和代理人之间信息不对称。在委托代理关系中，委托人不能直接观察到代理人的努力工作程度，即使能够观察到，也不可能被证实，而代理人却很清楚自己付出的努力水平。由于委托人无法知道代理人的努力水平，代理人便可能利用自己拥有的信息优势，谋取自身效用最大化，从而可能产生代理问题。由于代理人的努力水平不可观察或不可证实，意味着代理人的努力水平不能被包含在契约条款中，委托人难以在契约中约束代理人的努力水平。因此，委托人必须设计某种契约或机制诱使代理人选择适合委托人利益的最优努力水平。

由于委托人和代理人有不同的利益目标，又存在信息不对称，代理人就有可能在追求自身利益最大化时违背委托人的利益。所以，委托代理理论主要是解决委托人和代理人之间的目标一致性问题，即委托人如何通过事前的契约安排使代理人按照委托人利益选择行动。这种契约安排包括激励和约束两个方面。

根据信息不对称的情况，委托代理模型可分为五种[①]，见表5-1。对于不对称的内容，交易者可能隐藏行动也可能隐藏信息；对于发生的时间，信息不对称可能发生在交易双方签约之前（事前），也可能在之后（事后）。

---

① 张维迎：《博弈论与信息经济学》，上海三联书店、上海人民出版社2003年版，第397~403页。

表5－1　委托代理的五种模型

	隐藏行动	隐藏信息
事前（逆向选择）		（3）逆向选择模型 （4）信号传递模型 （5）信息甄别模型
事后（道德风险）	（1）隐藏行动的道德风险模型	（2）隐藏信息的道德风险模型

了解委托代理的模型之前，先要了解“自然”的概念。自然状态指随机事件，它是“自然”的外生选择，而不是经济行为者的内生选择。① 自然也就是随机发生的外生变量。

隐藏行动的道德风险模型指签约时信息是对称的，签约后，代理人选择行动（如工作努力程度），“自然”选择“状态”。行动的结果由代理人的行动和自然状态一起决定，委托人只能观测到结果，而不能直接观测到代理人的实际行动和自然的状态。所以，代理人有条件通过隐藏自己的行动追求自身利益最大化，而违背委托人的利益。隐藏信息的道德风险模型是指签约时信息是对称的，签约后，“自然”选择“状态”，代理人观察到自然的选择后做出行动。委托人可以观测到代理人的行动，但不能观测到自然的选择。代理人隐藏信息（自然的选择），委托人就无法知道代理人的行动是否是合理的选择，因而产生代理问题。道德风险模型中，委托人的问题是设计一个激励合同以诱使代理人在一定的自然状态下，从自身利益出发时，选择对委托人最有利的行动。

逆向选择模型指委托人和代理人在签约时就存在信息不对称，自然选择代理人的类型，代理人知道自己的类型，而委托人不知道。在信息不对称的情况下签约，委托人找到的未必是合适的代理人，从而发生效率损失。信号传递模型和信息甄别模型是逆向选择模型的特例，实质上是解决逆向选择问题的两种办法。

① 科斯、哈特、斯蒂格利茨等：《契约经济学》，经济科学出版社2003年版，第20页。

信息传递模型中，代理人选择某种信号显示自己的类型，让委托人观察到自己的类型，然后与自己签约；信息甄别模型是由委托人提供多种契约供代理人选择，代理人根据自己的类型选择最适合自己的契约。

委托代理理论研究各种委托代理关系，目的是研究如何设计出委托人和代理人之间的最优契约关系，减少信息不对称，减少代理成本。现有研究提出了基于代理人行为和基于结果两个设计契约关系的思路，对解决我国公共投资中的委托代理问题有一定的启发。

（2）我国公共投资中的委托代理关系。公共投资由权力机关批准，由公共部门执行，以满足社会公共需求为目的，投资过程涉及社会公众、权力机关、财政部门、政府职能部门、企业等多个行为主体，每个行为主体在面对不同的人（或机构）分别作为委托人和代理人①，所以，公共投资中具有多层次的委托代理关系。

Albert Breton（1996）的研究认为公共部门中存在三种委托代理问题②："第一，委托代理问题，如 Adolf Berle 和 Gardiner Means（1932）提出的所有权与控制权分离所引起的所有者与经营者的委托代理问题，公共部门也存在着公民与权力中心之间的委托代理问题。第二，权力中心（和其他机构）中政治家（管理者）与公仆（工人）之间的委托代理问题。这个问题比较复杂，因为官僚机构由很多相互关联、纵横交叉的机构构成，每个机构中都存在着管理者与工人的代理关系。第三，官僚机构与消费他们生产或提供商品和服务的人（顾客）之间的委托代理问题。这个问题自 George Akerlof（1970）开拓性地分析了旧车市场以来，已经引起了相当的注意。"徐曙娜（2005）区分了部门外部和部门内部来分析公共支出

① 比如，财政部门面对立法机构时是具有信息优势的代理人，而面对政府职能部门就成了具有信息劣势的委托人。

② Albert Breton, Competitive government: an economic theory of politics and public finance, Cambridge University Press, 1996.

过程中的委托代理关系[1]。认为部门外部存在四层委托代理关系，第一层是公众与权力中心的最高层（一般为立法机构）之间的委托代理关系；第二层是立法机构与政府（主要指财政）之间的委托代理关系；第三层是财政部门与财政资金使用部门之间的委托代理关系；第四层根据政府部门的不同身份有不同的委托代理关系，比如政府采购部门与供应商之间。部门内部则主要是管理者与被管理者、上级和下级之间的委托代理关系。

根据公共投资的决策过程和执行过程，本书将我国公共投资的委托代理问题分为决策中的委托代理问题和执行中的委托代理问题。我国的公共投资过程往往是由政府职能部门根据社会需要提出投资计划，报财政部门申请资金，编入政府预算，再由权力机关——人民代表大会审议预算。预算通过后，由财政部门提供资金，政府职能部门执行投资，职能部门可能自行组织投资，也可能交由企业进行投资。从申请到预算通过是决策阶段，其后是执行阶段。决策阶段主要涉及政府职能部门、财政部门、权力机关和社会公众，委托代理关系表现为职能部门和社会公众、财政部门和职能部门、权力机关和财政部门、社会公众和权力机关的委托代理关系。执行阶段涉及财政部门、职能部门和企业，委托代理关系也是多层次的，主要是财政部门和职能部门、职能部门内部及职能部门和企业之间的委托代理关系。

5.3.2　我国公共投资决策中的委托代理问题

微观上，公共投资效率表现为较高的投入产出或较好的投资效果，公众需求得到满足。公共投资中，由于代理层次较多，初始委托人对最终代理人的监控能力较弱，而中间委托人同时也是代理人，如果缺乏有效的监督，他们不仅不能努力行使监督权，甚至会

---

① 徐曙娜：《公共支出过程中的信息不对称与制度约束》，中国财政经济出版社 2005 年版，第 38～45 页。

与下级代理人合谋违背委托人的利益。这就造成各级代理人（有些同时是委托人）都在追求自身利益最大化，几乎没人考虑初始委托人的利益、考虑公共投资的效果。所以，如果缺乏有效的激励约束机制，公共投资低效率就成为必然。

我国公共投资中代理层次多，监督机制不健全，投资的信息传递不灵或失真，导致公共投资决策和执行中都存在效率损失。决策中，各行为主体的效用目标不同，在决策中占主动的财政部门和政府职能部门追求预算最大化和占有资源最大化，导致财政部门和政府职能部门在决策时不注重公共投资的质量和效率，使执行中缺乏必要的监督和投资效果评价。社会公众和立法机关注重公共投资质量和效果，但委托代理问题使其在决策中难以真正发挥作用，造成我国公共投资在决策时就已经存在了效率损失。

（1）政府职能部门和社会公众的委托代理问题。在政府职能部门和社会公众之间，政府职能部门是委托人，社会公众是代理人①。政府职能部门在提出公共投资计划前，必须充分调查市场和社会公共需求，以评估投资计划的可行性。职能部门需要充分掌握社会公众的实际需求，但社会公众并不能（或不愿）提供充分的信息。因为，一方面社会公众缺乏偏好显示渠道，不能充分表达信息；另一方面由于公共决策的参与成本高，且投资效果对于个人并不明显，社会公众普遍存在“搭便车”的心理，参与投资决策的积极性不高。可见，信息优势掌握在社会公众手中，而社会公众又不能提供完全的信息，所以，政府职能部门在做出公共投资计划时，存在信息不对称。

这种信息不对称是公共投资计划做出之前就存在的，因此，政府职能部门和社会公众的委托代理关系是“逆向选择”的代理关系。因为信息不对称，职能部门（委托人）不知道社会公众（代

---

① 在政府和社会公众之间的关系中，社会公众将公共权力交给政府，是初始委托人。这里将社会公众视为代理人，是指在一项具体公共投资项目调查中，公众处于信息优势，职能部门作为调查人，处于信息劣势。

理人）的实际需求，只能根据可以观察到的信息判断公众需要哪些公共物品，所提供的公共投资可能不能满足社会公众的最佳需求。这样一来，一些公众发现政府提供的公共投资并不是自己所需要的，更加不愿意参与公共决策，职能部门在以后的公共投资中所能得到的信息可能更少。

因为“逆向选择”的信息不对称在签约前就存在，解决的办法也就是增加委托代理双方的信息交流，重要方法是“信息发送”和“信息甄别”。对于政府职能部门和社会公众的“逆向选择”关系，一方面可以增加社会公众表达偏好的渠道，提供表达偏好的便利，让社会公众愿意、也有条件更多地显示自己的信息；另一方面，职能部门可以根据所调查的信息，做出多个公共投资计划，公布出来，由社会公众做出评判（比如建立公共投资的公众听证制度），职能部门参考公众评判结果选择投资计划。

（2）财政部门和政府职能部门的委托代理问题。在财政部门和政府职能部门之间，财政部门是委托人，政府职能部门是代理人。政府职能部门将公共投资计划报财政部门批准，以列入政府预算。在决策过程的博弈中，政府职能部门掌握公共投资计划的详细信息，处于信息优势；财政部门获取的信息主要来自职能部门，处于信息劣势。面对财政部门，政府职能部门的效用目标是部门预算最大化、占有资源最大化。因为财政资金是无偿的，占有的越多，部门权力也会越大，部门的社会重要性也会提高。尼斯坎南（William A. Niskanen）列举一个“官员（尼斯坎南将政府部门定义为官员）”的追求目标为：“薪金、职务津贴、公共声誉、权力、任免权、机构的产出、容易改变事物、容易管理机构。[①]”可见，除了薪金等收入外，占有资源带来的权力和地位也是政府部门的主要效用目标。为了获得最大预算，政府职能部门有可能隐瞒真实信息，

① William A. Niskanen, Bureaucracy and Representative Government, Chicago: Aldine-Atherton, Inc., 1971, 38.

为了使其公共投资计划能够纳入预算，职能部门可能选择财政部门更容易批准的投资计划，而不是社会公众所实际需要的投资计划，从而造成公共投资的效率损失。

这种政府职能部门隐瞒信息形成的委托代理问题，属于“隐藏信息的道德风险”问题。对公共投资项目拨款是财政部门（委托人）和政府职能部门（代理人）的经常性关系，形成这种关系之前不存在信息不对称，但在项目批准时，因职能部门（代理人）隐藏信息产生了信息不对称，财政部门（委托人）因为掌握信息有限，很难判断职能部门的决策是否符合社会需求，是否有效率。解决的基本办法是设计一种激励约束机制，以诱使代理人在从自身利益出发时，能够选择对委托人最有利的行动。比如，改革我国对政府职能部门业绩的考核方式。我国对职能部门的政绩评价往往是由上级部门做出，干部选拔也是由上级部门结合官员的政绩做出，这就造成了职能部门的工作目标是从自身利益出发，满足上级部门的要求，而不是最大程度地提供社会公共服务。如果建立由社会公众评价部门政绩的制度，则可以改变职能部门的工作目标为从自身利益出发，有效提供社会公共服务，以得到社会公众较好的评价。因为（财政部门代表的）政府总是希望拨出去的钱可以发挥最大效用（如尽量使社会满意），代理人选择尽量提供较好的公共服务也就是委托人最愿意看到的。约束职能部门“从自身利益出发”，则需要建立科学的预算编制制度。

（3）权力机关和财政部门的委托代理问题。我国权力机关是人民代表大会，人民代表大会代表社会公众行使立法权和行政监督权，在公共投资方面主要表现为预算审批权和预算监督权，预算的编制则委托给财政部门。权力机关和财政部门博弈的对象是政府预算，财政部门掌握编制预算的详细信息，是掌握信息优势的代理人；人民代表大会关于预算的信息都来自于财政部门，是处于信息劣势的委托人。按照尼斯坎南的官员预算最大化理论，代表政府的财政部门同样追求预算最大化，为使自己编制的政府预算能够被权力机关批准，获得尽量多的预算资金，财政部门也存在隐瞒信息的动机，形成预算审批中的道德风险问题。

我国的预算编制和审批模式使委托代理问题存在的可能性更大。

第一，预算编制的内容不全面、不清晰，为财政部门隐瞒信息提供了便利。作为公众代表的权力机关有权了解关于政府预算的全部信息，但政府预算在编制中，很多信息都隐藏在一些专业数据中，缺乏专业知识的人民代表很难从专业数据中分离出自己需要的信息。

我国政府预算只反映预算内资金，还有大量的预算外资金游离于预算管理之外，财政部门因此拥有了权力机关无法监管的财权，更容易隐瞒更多的信息。预算的不全面还表现在部门预算的编制上，由于我国目前的预算是按资金的性质归类编制，不同部门、单位的资金性质不同、来源渠道不同，于是各种资金如行政经费、科研经费、基建支出等分别由不同的职能部门分配和管理，资金使用的具体信息非常不清晰，形成“内行不明白，外行看不懂”的局面。加之预算编制较粗、管理水平不高、执行中随意性大、追加追减的情况时有发生。人大代表无法了解全部资金使用的信息，很难做到对政府公共投资的有效监管。

第二，预算编制的年度周期和人民代表大会审议预算的时间不协调，使对政府预算的审议形同虚设。我国预算年度是自然年度(1 月 1 日 ~12 月 31 日)，一般在 7、8 月份开始准备编制预算，中央各部门于 12 月 10 日前报财政部审批，省级财政部门于下年 1 月 10 日前汇总本级预算报财政部。我国全国人民代表大会一般在每年 3 月 5 日左右召开，政府预算草案于全国人民代表大会召开前一个月提交全国人大财经委员会进行初审，然后在全国人民代表大会上正式审议。也即，人大代表还没审议政府预算，而新的预算年度已经开始了（或者说政府预算已经开始执行了）。一方面造成了每个预算年度都有几个月无预算法案的监督，为财政部门隐瞒信息提供了便利；另一方面，也说明人民代表大会对政府预算的审议权更多地流于形式。

第三，人民代表大会审议政府预算的时间很短，很难做到全面了解信息，进行有效监督。各级人民代表大会每年只召开一次大会，乡镇人代会会期3天左右，县级人代会3~4天，省级人代会7天左右，全国人代会会期也只有15天左右。会议期间用于审议预算的时间，全国人民代表大会只有几天时间，省、市级人代会只有半天左右，县级人代会审议预算的时间只能用小时来计算。就算人大财经委员会有一个月左右的时间，要在如此仓促的时间内认真、逐项地审议政府预算很难做到，对预算的审议只能流于形式。对预算审议这样的制度安排使人民代表大会对财政部门的监督流于形式，很难做到对公共投资的监管，财政部门在代理关系中完全处于主动。

可见，我国财政部门和权力机关的代理问题主要来源于制度安排，权力机关本来是制定监督政府规则的机构，却因为规则的安排使自己的权力不能得到充分的运用，给政府提供了隐藏信息的更大空间。

（4）社会公众和权力机关的委托代理问题。社会公众是公共权力的初始委托人，权力机关代理公众行使立法和行政监督权。由前面的分析可以看到，在审议政府预算时，权力机关的权力长期没有得到充分运用，人大代表有权却没有对这一不合理的制度安排提出修改，可见，权力机关没有很好地代表初始委托人的利益，也即在行使代理权时，代理人可能存在隐瞒信息或行动的道德风险，使公共权力不能得到充分利用。在公共投资方面，则表现为社会公众的偏好表达渠道和对公共投资的监督渠道不畅通。

解决这种代理问题的主要方法是进行宪制改革，强调社会公众的治权，加强公共权力行使的制度建设。同时，进行预算编制的改革，以绩效预算激励和约束政府各部门，以提高公共投资效率。

5.3.3　我国公共投资执行中的委托代理问题

投资计划的执行更直接地决定着公共投资的微观效率。这一阶段涉及到：财政部门对政府职能部门的拨款，并考核职能部门执行投资的效果；职能部门执行投资计划，并把投资项目委托给企业（可能是公共企业，也可能是民间企业）施工建设，职能部门对企业的实施效果进行监管。公共投资执行过程中存在多层代理关系，多级代理人的效用目标不同，代理人的机会主义行为可能会提高公共投资的成本，在缺乏有效监督的情况下，投资质量和投资效果可能被忽视。

（1）财政部门和政府职能部门间的委托代理问题。财政部门和政府职能部门间的委托代理问题是多重的。决策时，职能部门可能隐藏信息，以获得投资计划的批准；执行时，职能部门又可能会隐藏行动以得到委托人对自己行动的认可。财政部门是委托人，拨款给政府职能部门，委托政府职能部门实施投资计划，职能部门掌握投资实施的具体信息。财政部门能看到投资结果，却看不到投资过程，不了解投资过程中发生的状况（即“自然”的状态），所以，不能清楚掌握代理人是否选择了最优的行动。政府职能部门在执行公共投资计划中的效用目标主要是资金使用最大化，即尽可能地用完获批资金，如果缺乏投资效果评价和有效的监督，代理人可能会忽视投资效率。这一过程可能会产生代理人隐藏行动的道德风险问题，即政府职能部门可能隐瞒投资过程中资金的浪费，为自己寻求效用最大化。

为了降低公共投资执行中的道德风险，需要建立有效的监督和评价制度。对于财政资金使用，我国在实践中存在着人大监督、财政监督和审计监督，但尚未形成科学的监督制度①，三个监督主体职责交叉，分工不明确，没有形成有效的监督合力。实践中，监督

① 李晋煤：《财政监督改革：理论分析与制度设计》，博士学位论文 2004 年。

以事后检查为主，以处罚违法违规作为主要工作目标，存在“重检查、轻整改，重处罚、轻建制，重眼前、轻长远”的问题。对财政资金的监督没有建立“追踪问效”制度，政府职能部门对资金的使用只需要不犯错误，资金使用的效果不在监督范围。对于公共项目投资，我国自2002年开始逐渐由财政部门建立了财政投资评审制度，但投资评审的重点是对投资成本的核算和投资计划执行，没有真正建立以成本效益考核投资效率的制度。并且，由于监督制度的重点不在投资效率上，投资评审的结果对相关部门的约束有限，提高投资效率的作用也不明显。

为降低政府职能部门的道德风险，我国近年来开始试点政府绩效评价制度。政府绩效评价是公共财政建设中一种理念的转变，要求在编制政府预算时就要以支出的绩效为依据，把拨款和提供公共物品的结果联系起来。“财政资金安排的依据不再是财政供养的人口，而是政府部门履行职能、提供公共产品的需求。财政资金管理的核心，从简单的收支核算发展到‘公共产品成本核算’”①。这将对政府职能部门的内部管理体制产生重大的冲击，使部门内部管理制度走向透明、公开、公平、公正，促进政府职能部门通过推行绩效管理，提高工作的效率和效益，降低政府职能部门发生道德风险的可能性，能够进一步提高公共投资的有效性。

（2）政府职能部门和企业间的委托代理问题。政府职能部门和企业间具有多种委托代理关系。公共投资的具体建设最终会由政府职能部门委托给企业，政府职能部门是委托人，负责提供投资产品的企业是代理人。在选择企业时，由于职能部门不了解企业的信息，会产生“逆向选择”的代理问题；在获得投资项目的执行权后，为获得自身利益最大化，企业存在隐藏行动和信息的机会主义动机。

---

① “我国推行财政支出绩效考评研究”课题组：《我国推行财政支出绩效考评研究》，载《经济研究参考》2006年第29期。

解决逆向选择问题的基本方法是“信号传递”或“信息甄别”。我国公共投资中常采用“招投标制度”，企业可以在相互竞争中向职能部门传递自己的信息，表达自己的竞争力。但在我国公共投资权力高度集中的项目管理模式下，政府职能部门既是运动员又是裁判员，常使“招投标制度”失效，并产生“寻租”行为。作为委托人，投资决策权和项目管理权高度集中在政府职能部门，职能部门有权选择下一级代理人，却不必为选择后果承担责任。面对财政部门时，职能部门又是代理人，也会寻求自身利益。这种既是委托人又是代理人的身份，使政府职能部门既存在“寻租”的动机，又存在“寻租”的机会。寻租的结果是加大了企业的投资成本，也加大了企业在追求自身利益时隐藏行动和真实信息的动机。同时，行使委托权的职能部门拥有选择权和监督权，但是并不拥有项目的剩余索取权，导致他们的监督努力与其收入水平无关，因此对公共投资项目的监督缺乏动机，这些都加大了代理人发生道德风险的可能性。

我国政府职能部门和企业间的委托代理问题更多地来源于职能部门对公共投资项目的管理方式。比如“招投标制度”本来可以在一定程度上解决“逆向选择”的问题，但在我国高度集中的项目管理方式下，其效果大打折扣。引入市场化管理的政府投资项目“代建制”管理模式，是我国改革项目管理的一种主要方式。2004 年《国务院关于投资体制改革的决定》中对“代建制”做出了明确描述：对非经营性政府投资项目通过招标等方式，选择专业化的项目管理单位负责建设实施，严格控制项目投资、质量和工期，竣工验收后移交使用单位。代建期间，代建单位按照合同约定代行建设单位的项目法人主体职责，有关政府职能部门对实行代建制的建设项目审批程序不变。代建制是一种政府投资项目管理的市场代理模式。在“代建制”中，政府与代建人是合同关系，政府选择具有相应资质的项目管理公司作为项目建设期间的法人，政府只能通过合同约束代建人，而非行政权力。此时项目的决策控制权和经营权分离，由此构成了政府投资项目代建制下的新的委托代理关系。另外，建立政府公共投资责任追究制度，对不遵守法律法规给国家造成重大损失的，要依法追究有关责任人的行政和法律责任，也可以加强对项目建设的监督作用，减少不利于委托人的代理行为，提高公共投资效率。

（3）政府职能部门内的委托代理问题。每个政府职能部门中都存在上下级关系和管理与被管理的关系。其中，上级（管理者）是委托人，下级（被管理者）是代理人。与一般企业的管理者与被管理者关系不同的是，政府职能部门中的管理者与被管理者都是“官员”。尼斯坎南 1975 年[①]进一步提出了“官员（个人）”效用的最大化理论，认为官员（个人）也是效用最大化者，也根据自我利益行事。官员（个人）的自利目标包括：权力、货币收入、威望、便利、安全等。为区别“官员（机构）”，本文称“官员（个人）”为“公务人员”。

公务人员获得代理人资格之后，由于信息的不对称和公务人员自利的效用最大化行为，具有有限理性的公务人员具有选择官僚主义或滥用权力，以及隐藏信息或行动的可能，从而出现委托代理问题。当公务人员的目标函数与委托人不一致时，对委托人会造成两种风险：第一，如果工作给公务人员带来负效用，公务人员就可能利用其在信息拥有上的优势，来摆脱自身应承担的义务，以降低工作带来的负效用，这是一种因公务人员消极怠工使委托人利益受损而造成的风险；第二，当公务人员获知自己能够使用已掌握的优势信息，且机会主义行为不受惩罚时，那么公务人员就可能利用其信息优势和掌握的控制权寻求个人利益，甚至因此侵犯委托人的利益，形成道德风险。

公务人员道德风险产生的内在根源，在于政府对公务员的激励

① William A. Niskanen, Bureaucrats and Politicians, Journal of Law and Economics, December 1975, 18.

和约束机制不完善，即对公务员勤政廉政未能给予足够激励，而对公务员从事道德风险活动又没有给予足够约束，使公务员从事道德风险活动的预期收益大于预期成本。我国需要通过制度和体制的创新，构建有效的激励与约束机制，使公务员即使追求个人目标，其客观效果也能达到与委托人的利益激励相容。①改革激励机制。通过显性激励和隐性激励相结合，加大官员勤政廉政的预期收益，激发其勤政廉政的动力。比如，在显性激励机制上，把目前对不同级别官员工资之外的各种福利、补贴等暗补显性化，将不同级别官员的收入差距明晰化、货币化、法制化。在隐性激励机制方面，将竞争机制引入政府部门，以公务人员工作的绩效作为确定收入标准、选拔干部的依据。②完善约束机制。通过提高道德风险行为被发现的概率和处罚率，提高公务员道德风险行为的预期成本，弱化公务员从事道德风险活动的动机。首先，要通过加强监督减少公务人员因信息的不对称导致的道德风险机会；其次，在加大对官员道德风险行为的处罚程度的同时，要细化制度规则，使执行法律制度的官员无法自由变通，从而最大程度地规避特权意志和面子人情关系对官员行为的影响。

第6章

提高我国公共投资效率的对策研究

有效率的公共投资所提供的公共物品能够有效满足社会公共需求，并且在投资过程中，尽量节约成本，减少浪费。由前文分析可知，我国公共投资效率低下的主要原因在于制度。因为决策中存在公共选择问题，我国公共投资方向常偏离社会公共需求；因为存在委托代理问题，我国公共投资中存在着为数不少的决策失误和浪费。所以，提高我国公共投资效率，首先应该考虑加强公共投资的制度建设。在保障制度的前提下，引入竞争，从提供公共物品的方式上提高公共投资效率。

任何一项政策都是在一定的决策规则下做出的，经济政策的好坏不取决于经济学家的建议和政治家的行为，而取决于制定政策的规则。人们不能把希望寄托在政治家的英明决策上，而应当寄托在宪法制度上①。提高公共投资的效率有很多政策选择，但更重要的是加强制度建设。针对我国公共投资存在的低效率问题，本章从以满足社会公共需要为目标的制度调整、解决委托代理问题的激励约束机制建设和保障制度执行的程序建设几个方面进行研究。

---

① 方福前:《公共选择理论——政治的经济学》，中国人民大学出版社 2000 年版，第 228 页。

6.1 以满足社会公共需要为目标的制度调整

我国公共投资中一个重要的效率问题是公共投资的“越位”和“缺位”问题，即公共投资不符合社会公共需求，政府投资的不是公众急需的，公众需要的政府又没有投资。存在偏差的原因一方面在于我国公共投资的决策权高度集中于政府，另一方面在于社会公众表达需求偏好的渠道不畅通，公共物品的供需双方之间缺乏必要的沟通渠道。公共投资是为社会公众提供公共物品的投资，应该在了解社会公共需求的基础上做出决策，这就需要社会公众的广泛参与，以减少投资的盲目性，增加决策的科学性，提高公共投资的效率。社会公众在公共投资中能够发挥决策监督作用，需要改革公共投资的决策体制，使社会公众有条件参与投资决策；同时要改革我国民主选举制度，增强社会公众显示需求偏好的能力。

6.1.1 改革选举制度，增强社会公众显示需求偏好的能力

显示需求偏好是社会公众的权力，也是公共投资决策者了解公共需求、做出正确决策的重要依据。社会公众表达需求偏好的方式很多，在我国，最基本、也是最能发挥作用的是民主选举制度——通过选举人大代表，由人大代表反映选民的需求，并行使对公共投资执行情况的监督权。

选举制度是我国人民代表大会制度的重要内容和实现方式。我国人民代表的选举遵循普遍、平等、无记名投票、差额选举以及直接和间接选举相结合的原则。人民代表大会制度在理论上是非常优越的，但现行的选举制度在一些安排上和实际执行中存在不足，使选出的人民代表不能真实地代表选民的利益，也难以真正表达选民的社会需求偏好。比如：（1）实践中，候选人的提名不合理。我国《选举法》规定，各政党、各人民团体可以单独提出代表候选人，选民或代表也可以联名提出代表候选人。但在实际操作中，往往把

“主席团提名的候选人”名单先行提交给代表，再让代表们联名提出候选人，显然是强调了政党和团体的推荐，忽视了选民和代表的民主推荐。（2）直接选举范围过窄，间接选举的选举程序不够科学、民主。我国人大代表的选举有直接选举和间接选举两种方式，县乡两级人民代表大会的代表由选民直接投票选举产生，县级以上各级人民代表大会代表由下级人民代表大会选举产生。在间接选举中，代表候选人并不直接与选举他们的下一级人大代表见面，选举者只是通过介绍材料来判断候选人的基本素质和参政能力，所选出的代表很难保证能够代表初始选民的利益。（3）对人大代表缺乏有效的监督机制。我国有一些监督人大代表履职情况的制度安排，如代表执行职务情况登记通报制度、代表述职评议制度等，但实践中对人大代表的监督存在严重的虚化现象。事实上，人大代表一经当选，一般很少再受到原选区选民或原选举单位的制约和监督，特别是由选民直接选举的代表，选区极少组织对其进行监督活动。代表不履行职责，或明显不称职，只要不触犯刑律，就不会被罢免。

为使人民代表能够确实代表选民的利益，在人民代表大会上表达选民的实际偏好，并且有效监督政府对公共权力的行使，需要完善我国的选举制度。

第一，完善候选人提名制度。提名和确定代表候选人是选举工作的重要环节，是将众多分散的选民意愿逐渐集中起来的过程。代表候选人的提名和确定过程是否民主，也直接关系到整个选举的民主实现程度①。选举是民意的制度性表达，代表候选人的确定权应由选民行使，完全由上级提名代表候选人是不符合代议制度的。

为使我国代表候选人能够更好地代表民意，可以在《选举法》中明确规定，提高选民提名候选人的比例；在向选民提交候选人名单时，不区分政党、团体提名和选民联名提名，在选举过程中给各候选人平等的权利；建立候选人自愿报名登记制，允许选民以自我

① 蔡定剑：《中国人民代表大会制度》，法律出版社 1998 年版，第 180 页。

报名方式列入初步候选人名单，然后再进行协商或预选确定正式候选人，这样可以避免“被提名者不愿当候选人、想当候选人者未被提名”的现象。

第二，扩大直接选举范围，引入竞选机制。选民和人大代表存在委托代理关系，间接选举层次越多，选民和人大代表的代理层次就越多；代理层次越多，代理人表达初始委托人（选民）真实意愿的可能性就越小。直接选举则可以让选民选出自己了解的、能够代表自己利益、且便于监督的人民代表。

我国乡级与县级的直接选举制已运行多年，公民也已基本具备直接选举的知识和经验，为扩大直接选举范围，实行更高层级人大代表的直接选举制度打下了坚实的基础。直接选举范围的扩大可以逐渐进行，先在选民素质较高、且参与意愿较强的地区，由市级人大代表直接选举逐渐过渡到省级人大代表的直接选举。

将竞选机制引入我国人大代表选举。我国选举法要求推荐人介绍候选人，忽视了候选人的自我介绍。自我介绍是候选人的权力，也是候选人展现自己能力的有效途径。引入竞选机制，每个候选人都可以直接或通过各种媒体向选民介绍自己，能够给选民一个直接了解候选人的机会，让选民通过比较选出更能够代表自己利益的代表。竞选出的代表更能够代表选民表达对公共需求的偏好。

第三，完善对人大代表的监督制度。选举和监督、罢免是有机联系的整体，监督权和罢免权是选民选举权的延续。在我国，选举完成之后，人民代表和选民之间缺乏交流，特别是间接选举出的代表，对选民需求状况的了解就更少。如果没有对人大代表的有效监督，人大代表很容易产生违背选民利益的道德风险，委托人的利益难以得到保障。一方面要提高选民对人民代表监督的意识，另一方面要完善监督的制度建设，加强监督的程序管理。比如，完善“代表执行职务情况通报制度”，在媒体上向选民公开选区内每个代表（包括直接选举和间接选举的代表）执行职务的情况；建立代表选民的日常监督组织。

第四，建立专职代表制。人大代表不能很好代表选民行使权力的一个重要原因是，我国实行人大代表的兼职代表制。兼职代表制度下，人大代表把时间和精力主要放在了完成自己的本职工作上，而把履行人大代表职责当成了第二职业，这就使得相当一部分代表不能经常倾听人民群众的意见，搜集选民意愿的精力和动力都不足。专职代表则有足够的时间精力保障其执行职务，也容易具有专门的知识和能力去监督政府执行公共权力的情况，能够更好地反映选民的需求，也能够更好地监督政府。

实行人大代表专职代表制，需要一个渐进的过程。第一步需要实现人大常委会成员的专职化（我国有一些人大常委是兼职），使之成为真正的专职常务代表；第二步，因为全国人民代表大会负担的职能更多、更重要，更需要有足够的时间和精力熟悉全国各地的情况，所以，可以考虑先在全国人民代表大会实行专职代表制，然后再自上而下在各级人民代表大会实行人大代表专职化。

6.1.2 改革公共投资决策制度，使公共投资的决策权回归社会公众

社会公众是公共权力的初始委托人，公众将公共权力委托给人大代表，进而又委托给政府机关。完善选举制度可以加强社会公众同其代理人——人大代表的联系，使人大代表能够更好地反映公众的社会需求，监督公共权力的执行。但我国公共投资的决策过程中，人大代表的决策权力也有限，社会公众直接参与更加困难，这就形成了政府官员以个人意愿替代公众意愿，以少数选择替代公共选择的局面。要提高公共投资效率，使投资能够有效满足社会公共需求，需要增强公众在公共投资过程中的作用，需要改革我国公共投资决策制度，使公共投资的决策权回归社会公众。

（1）建立体现社会公共需求的公共投资决策制度。我国现有的公共投资决策中，公民参与较少，往往是政府职能部门根据自己的判断，做出投资计划，是否符合社会需求不是主要目标，比如一些

政府的“形象工程”，建设的目标主要是实现政绩。改革公共投资决策制度，要多体现社会公共需求，让社会公众更多地参与到投资决策中来。

体现公众意愿的公共投资决策，可以建立这样一个过程：政府职能部门根据对社会公共需求的调查做出项目投资计划；委托中介机构进行论证后，向投资管理部门提出项目计划；投资管理机构委托中介机构对项目论证结果进行评估，同时召开相关利益人群、专家、相关管理部门共同参与的听证会和专家评议会，并向社会公示，听取意见；投资管理部门在综合评估意见、听证意见、公示反馈意见之后，决定项目是否可行；非重大项目，投资管理部门审批后即可编制部门预算，上报财政部，由财政部编制预算上报人民代表大会；重大的项目，由投资主管部门或国务院初审后上报人民代表大会决策；人民代表大会通过项目计划或政府预算后，项目计划交建设单位实施，否则取消或修改项目方案。见图6－1[①]。

图6－1所示的决策过程可以改变目前公共投资项目决策由管理部门自我决策的做法，通过一定的公众意愿表达机制（听证、专家评议、公示），使管理部门准确掌握公众需求信息，做出科学民主的决策，利于合理利益公共资源，提高公共投资效率。

（2）加强人大对公共投资的决策权和监督权。社会公众将公共权力委托给人大代表，人大代表有权代表公众利益审议和监督政府的公共投资行为。

首先，要加强决策阶段的立法监督权。人民代表大会或其专业委员会获得公共投资项目计划的渠道，一个是由国务院或投资管理机构直接上报的重大投资项目，一个是编入了部门预算的非重大项目，通过财政部编制的政府预算上报人大。重大投资项目（如三峡工程）一般会在人民代表大会中广泛讨论；但非重大项目，由于财

---

① 张长春：《政府投资的管理体制——总体框架、近期改革重点与促进措施》，中国计划经济出版社2005年版，第45页。

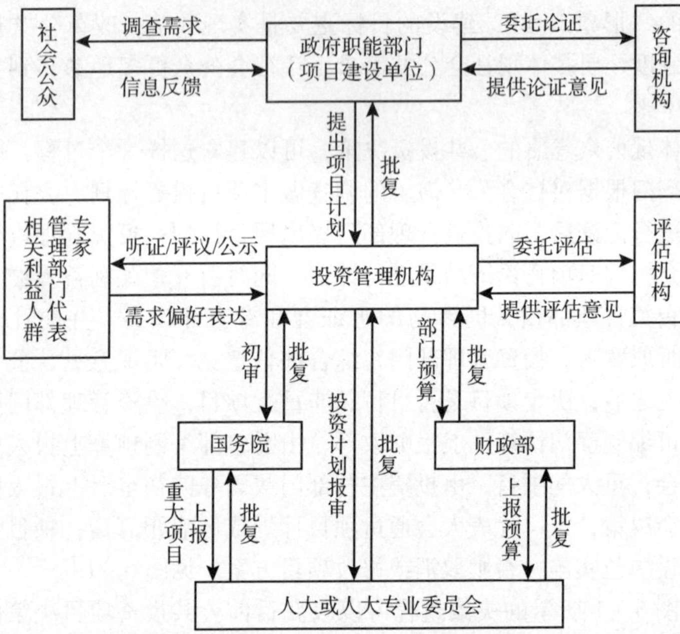

图6－1　体现社会需求的公共投资决策过程

政部报告的政府预算不详细和人大代表审议时间过短，对其审议往往并不充分。人大要加强对政府预算的详细审议，一方面财政部门要提供详细的政府预算，或在提供政府预算的同时，提供包括公共投资在内的专项报告；另一方面，应该延长人大代表对政府预算的审议时间，一两天的时间根本不可能充分审议政府预算。

其次，加强人大在公共投资执行中的监督。在公共投资的执行中，执行部门应该每年编制公共投资的执行报告，包括需经立法部门审批的报告和只要公开即可的报告①，需审批的要上报人大及其常委会；执行中，投资支出有调整的，应该通过调整预算报人大审

① 徐曙娜：《公共支出过程中的信息不对称与制度约束》，中国财政经济出版社2005年版，第161页。

批；人大及其常委会还可通过审计部门定期或不定期对公共投资的执行情况进行监督。

第三，加强人大对公共投资执行结果的监督。一方面人大要审议政府决算报告和公共投资项目执行结果报告；另一方面人大及其常委会可以组织对社会公众的调查，监督公共投资的执行效果，并将公众意见反馈给职能部门，发现严重代理问题的，应该追究责任。

（3）提高社会公众参与公共投资的程度。我国公共投资项目中的公众参与较少，在全国范围内，除了少数项目在建设全过程中的某个阶段进行了公众参与外，大部分的政府公共投资项目从立项到竣工验收都没有让公众参与决策或管理。公众参与一般是集中在项目的执行阶段，主要针对某个特定问题（施工安全、环境影响等）。在项目前期的立项审批、可行性研究、规划设计等阶段，启动公众参与的案例还很少。社会公众的直接参与能够缩短初始委托人和代理人的距离，加强对代理人的监督，也使公共投资决策的结果能够更真实地反映社会公众的需求。

我国公共投资中公众参与不足，一方面因为社会公众缺乏参与渠道，另一方面也因为社会公众参与意识不强。提高社会公众参与公共投资的程度，要从公众积极性和建立有效参与渠道两方面着手。

第一，提高社会公众参与公共投资的积极性。参与公共投资的积极性不高，是因为社会公众存在"搭便车"的心理。"在一个复杂社会中，公民若想了解全部公共选择，要承担极其高昂的信息成本。他们更情愿停留于'理性的无知'之中[①]"。在我国，提高公众的参与积极性，首先，要转变公众的观念。我国长期高度集中的计划体制使公众习惯从属于行政权威，没有主动参与的观念，所以

① 〔德〕柯武刚、史漫飞：《制度经济学——社会秩序与公共政策》，商务印书馆2002年版，第352页。

要强化我国公众的主人翁意识，提高公众素质，使公众认识到自己应是社会主体，公共投资行为涉及的是公众自己的利益。其次，要为社会公众的参与提供足够的便利，以减少他们的参与成本。比如政府的主动调查、通过媒体公布必要信息等。再次，要加强公众参与的制度保证。在充分遵循宪法和法律赋予公民的政治权利的前提下，对公民参与的内容、方式和途径做出明确的规定，使其可以按一定的程序实际操作，并用法律的形式固定下来，使公民参与经常化、制度化。

第二，建立有效的公众参与渠道。首先，要建立公共投资项目决策听证制度，可以先从重大项目的决策听证开始，逐步扩大到一定投资数额以上的公共投资项目（甚至是国有企业的重大投资）。为了解决听证项目过多的问题，可以考虑同类项目集中听证。其次，建立科学的民意调查制度。可以考虑把民意调查确定为政策制定的法定程序，并将相关的政策分析有偿地交由大学、专业研究机构和咨询服务公司去做，以保证调查的客观公正性和科学性。再次，建立协商谈判制度。通过协商谈判，投资所涉及的利益团体之间进行意见的交流和沟通，在求同存异的基础上通过让步和妥协达成一致，这种制度有利于纠正政府决策者的盲目和偏向。再一个重要方面，要建立公共投资信息公开制度，使社会公众能得到该得到的信息，可以得到可得到的信息。

6.1.3 建立公共投资信息公开制度，加强公众监督

公共投资信息公开是社会公众参与公共投资决策、监督公共投资执行的基础。信息公开可以使社会公众更多了解代理人（政府职能部门）的行为和代理人所掌握的信息，减少了层层代理造成的信息损失，降低了代理人发生道德风险的机会。

（1）公共投资信息公开的作用。政府对公共投资的管理权来自公众的委托，社会公众对公共投资决策和执行过程中发生的信息享有知情权，公开信息不是政府部门对公众的施舍与恩赐，而是政府

应该承担的宪法责任[①]。

在我国，公共投资信息公开，可以加强对公共投资的监督，合理化投资决策，提高公共投资效率。

第一，有利于社会公众参与公共投资决策。社会公众掌握了公共投资信息，能够对公共投资是否符合自己利益做出正确的判断，再通过直接参与决策（参加调查、听证等），或通过人大代表传达信息、表达偏好，对公共投资施加影响，使公共投资的决策趋于合理。

第二，有利于实现对公共投资执行情况的监督。不管是社会公众，还是人大代表，只有掌握了必要的信息，才可能真正实现对公共投资的监督。人大代表可以通过政府预算等得到一些公共投资的信息，但政府预算并不详细，代表审议预算的时间也不充分，只有全面的、日常的信息公开可以使社会公众及时了解公务员的工作状况、公共投资执行状况，真正实现对公共投资的监督。

第三，有利于政府和社会公众的交流。信息公开能够降低社会公众了解公共决策的成本，增大社会公众参与公共投资的兴趣。通过信息公开和社会公众的信息反馈，政府更容易掌握社会公众的实际需求，使公共投资在起始阶段就比较符合社会公共需求，提高公共投资效率。

（2）公共投资信息公开的内容。信息公开按公开原因的不同分为主动公开和被动公开两种，主动公开是政府职能部门按照法律规定的义务主动将职能部门及其工作人员的有关信息予以公开；被动公开是指在社会公众向义务人提出申请，要求义务人公开其掌握的信息时，义务人将（可公开的）信息予以公开。

公共投资的信息公开主要应包括这样几个方面：一是评估阶段的信息，包括对投资项目的调查、项目建议书、可行性研究报告，

① 我国宪法并没有明确规定公民的知情权，但规定了人民主权、公民对政府的监督权和言论自由。

及相关人员的名单；二是投资决策阶段的信息，包括项目申报情况、审批情况、审批依据，以及资金的筹措情况；三是投资执行阶段的信息，包括建设单位、施工单位、监理单位的名单，工程进度、资金运用情况等；四是投资后评价的信息，包括投资项目后评价报告、对投资效果的社会调查，以及责任追究结果等。

其中，评价公共投资所必需的信息作为主动公开信息，如可行性报告、资金筹措情况、资金运用情况、后评价报告等。公众想了解的、可能对公共投资效率有影响的相关信息作为被动公开信息，如相关人员的名单等。

(3) 公共投资信息公开的法律保障。作为制度建设，公共投资的信息公开需要法律作保障。对公共投资信息公开的规定可以纳入《政府信息公开法》。

近10年来，政府信息公开已经成为世界性潮流，全球已有40多个国家颁布了统一、完整的信息公开法，30多个国家的相关法律也在制定之中，在亚洲，颁布或即将颁布信息公开法的国家有10多个①。相对来说，我国政府信息公开的法律建设比较落后。我国目前有关信息公开的法律条文大多散见于各单行法律、法规和规章制度中，内容单薄。比如我国《行政处罚法》及《行政复议法》分别规定行政机关在做出行政处罚行为和行使行政复议权时应予公开；1993年颁布的《消费者权益保护法》首次出现知情权概念；《统计法》规定国家统计局和有关统计机构定期公布统计资料。近几年，我国信息公开的法制建设取得了一定成绩，出现了一些地方性信息公开法规，如深圳的《政府信息公开办法》、广州市的《广州市政府信息公开规定》、上海的《上海市政府信息公开规定》，2005年6月14日河北通过了《河北省政府信息公开规定》。2007年，我国在政府信息公开的法制建设中取得了重要的突破，4月24

① 董岩、张萌：《中外信息公开情况综述》，载《人民日报》2005年4月13日，第十四版。

日国务院公布了《中华人民共和国政府信息公开条例》，公众有权依法获知除涉及国家秘密、商业秘密和个人隐私以外的政府信息。

在公共投资领域里，需要“政府信息公开法（或条例）”来保障公共投资的信息公开。

6.2 建立公共投资绩效评价制度，构建激励约束机制

微观上，公共投资的效率损失主要来自投资中的委托代理问题。因为委托人和代理人效用目标存在差异，又由于代理人具有信息优势，代理人很容易做到在公共投资过程中以自身的效用目标为导向，并且不必付出足够的工作努力，因此会出现公共投资中的决策失误和投资浪费。解决代理问题的主要办法是在公共投资过程中建立激励约束机制。

公共投资绩效评价是近年来我国财政支出绩效预算研究中提出的一种提高公共投资效率的手段，但多数时候被认为是一种方法，本文认为公共投资绩效评价不是简单的、技术上的评价，而应该是建立在绩效预算框架中的提高公共投资效率的一种激励约束的制度安排。公共投资绩效评价需要建立一个由确立评价目标、构建评价指标体系、组织评价、评价问责构成的完整体系，从公共投资的开始阶段就以绩效为目标，并且建立问责的约束机制。

6.2.1 公共投资绩效评价的背景

公共投资绩效评价是政府绩效预算管理制度的一部分。绩效预算是20世纪40年代在西方国家提出的，是一种以目标为导向、以项目成本为衡量、以业绩评估为核心的预算体制，具体来说就是把资源分配的增加与绩效的提高紧密结合的预算制度。20世纪70年代末80年代初，西方各国普遍面临政府开支过大、经济停滞、财政危机严重、福利制度走入困境、政府部门工作效率低下、公众对

政府的不满越来越强烈等问题，于是从英国开始掀起了一场声势浩大且旷日持久的政府改革运动，即“新公共管理”运动。绩效预算是新公共管理的重要组成部分，更是推动新公共管理理论转化为实际制度安排的重要工具，是提高政府效率的重要改革。

绩效预算的基础部分是政府绩效预算评价体系，而政府绩效预算评价体系的核心又是财政支出绩效评价。财政支出绩效评价的内容，从西方实践看，英国和瑞典主要评价公共部门的绩效和公共支出项目的效果[①]；澳大利亚和新西兰评价工作主要在部门绩效评价、项目评价、其他评价和绩效审计[②]。在我国的研究中，陈学安（2004）将财政支出绩效评价分为四类：财政支出项目绩效评价、单位财政支出绩效评价、部门财政支出绩效评价、财政支出综合评价[③]；上海财经大学课题组（2006）认为财政支出绩效评价可以包括四个层次：综合评价、职能评价、部门单位评价和项目评价[④]，其中项目评价是对具体的公共投资项目进行的绩效评价；财政部“我国推行财政支出绩效考评研究”课题组（2006）将财政支出绩效评价分为两部分，一般预算支出的绩效评价和项目支出预算的绩效评价[⑤]。可见，国内外对财政支出绩效评价内容的认识差别并不大，考虑到绩效评价的对象和评价的全面性，财政支出绩效评价主要包括对具体投资项目的“项目评价”，对基层单位的“单位评价”，对政府部门的“部门评价”，以及对财政支出全面评价的“综合评价”。

---

① 财政部统计评价司：《英国、瑞典的公共支出绩效评价》，财政部国际司编：《财政新视角——外国财政管理与改革》，经济科学出版社2003年版，第542~554页。

② 财政部统计评价司：《澳大利亚和新西兰财政支出绩效评价》，财政部国际司编：《财政新视角——外国财政管理与改革》，经济科学出版社2003年版，第598~612页。

③ 陈学安：《建立我国财政支出绩效评价体系研究》，载《财政研究》2004年第8期，第18~20页。

④ 上海财经大学课题组：《公共支出评价》，经济科学出版社2006年版，第16页。

⑤ “我国推行财政支出绩效考评研究”课题组：《我国推行财政支出绩效考评研究》，载《经济研究参考》2006年第29期，第2~36页。

本书定义公共投资为由政府做出的形成固定资产的投资，所以这里的公共投资绩效评价指“项目评价”。在西方各国，绩效预算工作的核心就是进行项目绩效预算[①]。财政部“我国推行财政支出绩效考评研究”课题组的研究也认为在我国推行绩效预算改革应该先易后难，从项目评价入手逐步扩展[②]。

6.2.2　公共投资绩效评价的要素结构和制度安排

（1）公共投资绩效评价的“3E”要素结构。在对绩效的研究中，“3E”指标，即经济（Economy）、效率（Efficiency）、效果（Effectiveness），被认为是“分析绩效的最好出发点，因为它们是建立在一个相当清楚的模式上之，并且这个模式是可以被用来测评的”[③]。公共投资是绩效预算的主要对象之一，“3E”指标也是公共投资绩效评价中的基本要素。

第一，经济性。经济性要求以尽可能低的投入或成本，提供与维持既定数量和质量的公共产品或服务。往往是在投资的目标比较明确的情况下，要求尽量节约投资资金。

第二，效率性。指公共投资活动的产出同所消耗的人力、物力、财力等投入要素之间的比率，可用投入产出比来度量。公共投资有效率就是以最小的投入取得一定的产出，或以一定的投入取得最大的产出。

第三，效果性。效果性指公共投资在多大程度上达到目标或预期的结果。效果性主要对资金使用的价值进行衡量，因为即使资金的提供是有效率的，但是如果不能达到预期的目标，不能使社会公众满意，仍然是对资源的大量浪费。

公共投资的绩效评价需要从“3E”指标入手，经济性指标是

---

① 卓越：《政府绩效管理导论》，清华大学出版社2006年版，第145页。

② “我国推行财政支出绩效考评研究”课题组：《我国推行财政支出绩效考评研究》，载《经济研究参考》2006年第29期，第2~36页。

③ 于军：《英国地方行政改革研究》，国家行政学院出版社1999年版，第183页。

对公共投资的基本要求，要求投资不浪费；效率性指标是公共投资的直接目标，要求公共投资达到最理想的产出；效果性则是公共投资的最终目标，要求公共投资达到服务社会的效果。三者作为一个统一的整体更具现实意义，忽视投资的最终目标而单纯追求经济和节约，或不顾效果单纯追求效率，或为了追求所谓的“效果”而不顾资源情况，最终都会影响公共投资的综合绩效。对经济、效率和效果之间关系的分析，应与具体评价工作相结合，不能片面地、孤立地分析其中某一方面，而是要进行综合考虑和辩证分析，才能得出客观、公正的结论。

（2）公共投资绩效评价的制度安排。公共投资绩效评价不仅是评价公共投资效果的一种方法，更应该是作为提高公共投资效率的制度安排。绩效预算的目标不是仅建立一个评价体系，而是建立提高政府工作效率的绩效管理体制。公共投资绩效评价是绩效预算改革的先行者，对其进行基于提高绩效的制度研究可以为绩效预算的全面改革提供经验。研究公共投资绩效评价的制度安排具有重要的现实意义。

公共投资绩效评价应该贯穿公共投资的全过程，评价的过程也应该是激励约束公共投资的过程。绩效评价制度应该使绩效评价和奖惩制度挂钩，首先要确定绩效评价的目标，目标要有约束性和可操作性，要以目标引导公共投资的进行；其次要确定评价指标体系，尽量以量化指标评价公共投资每阶段的效果；同时，要确立评价标准，使评价指标的结果有据可依；最后进行结果评价，并依据评价结果进行激励约束。

①评价目标管理。公共投资绩效评价的目标可包括：战略性目标，即该项公共投资最终可以达到什么效果；重点性目标，在某一阶段或某一方面所能达到的特别效果；责任性目标，即必须达到，否则要承担责任的目标；承诺性目标，由代理人承诺应该能够达到的目标等。公共投资绩效评价的目的是以目标引导投资，提高投资效率，所以，提出目标要做出全面的考虑，既要考虑目标的可操作

性，又要使目标和激励约束机制挂钩。公共投资的目标可能单一，也可能复杂，不同项目的目标也会不同，所以，在确定目标时，决策者应该充分调查，和代理人沟通，共同确定有效且可行的目标。为使目标可行，目标的制定应该尽量具体，否则就会使目标失去约束力。比如，将一项公共投资的目标定为“群众满意”，不如定为“群众满意度达80%”。“群众满意”比较空泛，一两个群众满意也可能算符合标准。而“群众满意度达80%”就需要建立社会调查制度，从调查结果衡量目标的实现情况。

②评价指标体系。评价指标体系是依据绩效评价目标设置、能够全面反映公共投资绩效的一系列指标。指标体系总体结构是否合理直接关系到绩效评价的质量，所以是公共投资绩效评价的核心。评价指标所评价的内容应该能够包涵公共投资的经济性、效率性和效果性，公共投资绩效的“3E”特征不是静态的，反映了公共投资活动的整个过程，所以，评价指标也是从公共投资的决策到投入到结果到激励约束的一个多层次的体系。由于公共投资项目的复杂性和不可比性，难以设定一套共同的指标体系。所以，公共投资绩效评价指标体系应该根据项目的不同内容，具体情况具体分析，根据项目设置评价的具体指标。

③评价标准设定。公共投资绩效评价标准是以一定量的有效样本数据为基础，利用数理统计的原理进行预测和分析而得出的标准样本数据。根据这些标准样本数据能够具体将公共投资行为的优劣等特征通过量化的方式进行量度。通过与评价标准的比较，可以使评价者客观分析出公共投资规模是否适度、结构是否合理以及政策实施效果是否显著，从而有效实现财政政策和财政支出绩效的计量化，为决策提供科学依据。

评价标准和评价指标体系是相匹配的，对于每一个评价指标都应该有一个评价标准，能够量化的指标，评价标准也要量化；不能量化的指标，应该有一个清晰的标准说明，使评价人有依据对评价指标做出明确的结论。对于常用指标，可以考虑由权威部门制定标准；对于一些项目的特别指标，应该在设定公共投资的目标时予以确定。

④激励约束机制。激励约束机制是公共投资绩效评价的保障。绩效评价的目的不是惩戒性的，是引导性的，是为了提高公共投资的效率。如果评价结果跟代理人没有任何关系，评价结果就仅仅是评价结果，仅仅能够让人知道该项公共投资有无效率，对提高公共投资效率起不到任何作用。建立激励约束机制，使公共投资的效率与代理人的利益与责任相联系，可以激励代理人在投资过程中就注重提高效率。

公共部门中的激励机制较复杂，各种政治、制度等环境因素都影响公务员工作积极性和创造性的发挥①。公共投资过程中存在大量的委托代理关系，代理问题主要是委托人和代理人的效用目标不一致造成的。设计激励约束机制时要了解代理人效用目标，以其效用目标作为激励；了解代理人隐藏的行动或信息，以一定的问责制度约束其行为。公共投资中，政府官员（机构）身份复杂，既是委托人又是代理人，绩效评价的激励约束对象主要是作为代理人的官员②。官员的效用目标主要是追求权力、升职和收入，隐藏的行动和信息主要是工作努力程度和可提高自身利益的信息。所以，可以以升职、增加工资或发放奖金等手段激励官员的工作积极性；建立问责制度，由权力机关和社会公众对政府问责、上级对下级问责，出现代理问题时，相关责任人应该承担责任并受到相应惩罚。

激励约束机制在公共投资绩效评价结束后，根据评价结果发挥作用。但激励约束的标准应该和绩效评价目标同时确立，使代理人一开始就能够明确自己在工作中付出什么样的努力程度可以获得什么样的收益，并且会承担什么责任，从而引导代理人在追求自身利

① 胡税根：《公共部门绩效管理——迎接效能革命的挑战》，浙江大学出版社 2005 年版，第 236 页。

② 这里的官员既指政府机构也指公务人员。另外，在政府和企业的关系中，企业是代理人，其代理问题可以通过引入市场机制来解决，将在下文讨论。

益的同时，努力完成委托人委托的工作。

⑤评价结果应用。公共投资绩效评价可以在项目完成后形成评价结果，对于建设时间较长的项目，可以进行年度评价，在建设完成后再进行总体评价。评价结果要作为激励约束的依据；还要对评价结果进行总结，以不断改进、提高公共投资管理水平；年度评价还可以加强公共投资中对资金的管理。公共投资绩效评价结果应该作为公开信息，接受社会公众的监督。

6.2.3　构建我国公共投资绩效评价的指标体系

指标体系是公共投资绩效评价的核心内容，是达到绩效评价目标的基础，指标体系合理与否关系到绩效评价的结果。公共投资绩效评价的指标体系应该涵盖公共投资的所有环节，以达到对公共投资的全面评价，也利于总结投资中的问题，全方位的提高公共投资效率。

在对我国财政支出绩效评价的研究中，上海财经大学“公共支出评价”课题组（下称“上财课题组”）和财政部“我国推行财政支出绩效考评研究”课题组（下称“财政部课题组”）分别对指标体系做出了较深入的研究。上财课题组按照绩效评价的内容将公共支出绩效评价指标分为两层：一是终极指标，包括效益类指标、效率类指标以及有效性指标。二是初始指标，包括投入类指标、过程类指标、产出类指标以及效果类指标①。财政部课题组按照评价目标将“项目支出预算绩效评价体系”分为五层：第一层，子系统层，即项目支出预算绩效评价体系，是财政支出绩效评价的子系统；第二层，要素层，按照绩效目标确定为逻辑标准、管理标准和成果标准；第三层，状态层，体现每个子系统的状态结构；第四层，变量层，用于描述状态层；第五层，指标群，最基本的定量和

① 丛树海、周炜、于宁：《公共支出绩效评价指标体系的构建》，载《财贸经济》2005年第3期，第37~41页。

定性指标[①]。对比两个课题组做出的评价指标体系[②]，财政部课题组的研究从宏观目标到基本指标，涵盖范围广，但较为复杂，实际操作难度较大；上财课题组根据公共支出的过程设计指标，贴近公共支出的实际，操作性较强，但指标没有涵盖到决策过程。

本书认为按照公共投资的过程进行绩效评价是操作性较强的角度，评价指标体系中应增加对决策过程的评价。

总体上看，公共投资的绩效评价指标可包括：逻辑性指标、经济性指标、效率性指标和效果性指标。其中，后三项是前文所述绩效的三要素，第一项是考虑公共投资宏观决策效果的指标，是公共投资的前期指标。

一般情况下，公共投资的目标是多样化的，以目标设置评价指标往往比较复杂。而所有公共投资项目的运作过程基本相同，根据过程设置评价指标可以使评价的操作比较容易。从公共投资运作过程看，公共支出（投资）的绩效"可以通过投入、过程、产出和结果来描述[③]"。投入，指项目中所投入的资源，包括人力、物力和财力，还可能包括无法用货币度量的一些社会成本；过程，指在项目执行过程中，实施者对项目规划的遵从程度；产出，指公共投资结束后，运行中产出的数量；结果，项目预期目标的实现程度。完整的投资过程还应该包括投入前的决策过程。所以，从公共投资的运作过程看，可将评价目标分为决策类指标、投入类指标、过程类指标、产出类指标和结果类指标。

公共投资绩效评价的指标体系如图 6 - 2 所示，评价体系包括三个层次，决策类指标、投入类指标、过程类指标、产出类指标和结果类指标是直接指标，逻辑性指标、经济性指标、效率性指标和

---

① "我国推行财政支出绩效考评研究"课题组：《我国推行财政支出绩效考评研究》，载《经济研究参考》2006 年第 29 期，第 31 页。

② "我国推行财政支出绩效考评研究"课题组：《我国推行财政支出绩效考评研究》，载《经济研究参考》2006 年第 29 期，第 2 ~ 36 页；上海财经大学课题组：《公共支出评价》，经济科学出版社 2006 年版，第 11 ~ 47 页。

③ 亚洲开发银行：《公共支出管理》，经济科学出版社 2001 年版，第 378 页。

效果性指标是中间指标，公共投资绩效的总体评价是最终评价目标。

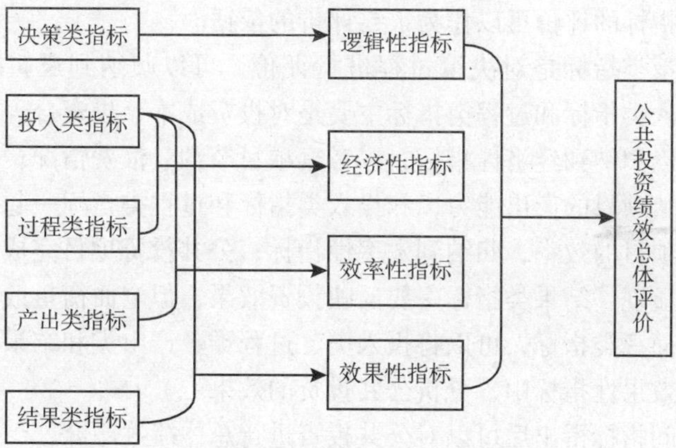

图6-2　公共投资绩效评价指标体系

决策类指标，是衡量决策过程和决策合理程度的指标，包括：可行性研究报告、项目立项书、项目施工方式及进度安排等；

投入类指标，是用于衡量公共投资的资本、人力、物力投入是否经济合理的指标，包括：资本投入、人工投入、项目的财务成本、社会成本等；

过程类指标，是衡量公共投资过程中对质量的控制和对预算执行情况的指标，包括：财务安排、施工进度、预算执行等；

产出类指标，是衡量公共投资产出能力和实际产出的指标，包括：项目完成后的产出能力、实际产量、提供公共服务的数量、被服务的人数等；

结果类指标，是衡量公共投资完成后实现的结果的指标，包括：预算完成情况、公共投资目标实现情况、投资所带来的社会收益、群众满意度、环境效果等。

直接指标是在公共投资过程中对发生的行为和效果进行评价，

不同项目的特点不同、投资目标也不同，所以具体的评价指标需要根据不同公共投资项目进行设定。因为直接指标比较多，且比较散乱，难以用于进行最终评价，但可以把它们归纳到中间指标里，经过中间指标的评价可以作为最终评价的依据。

决策类指标是对决策过程进行评价，可以归纳到逻辑性指标中；投入类指标和过程类指标主要是对投资成本、投资合理性的评价，可以归纳到经济性指标，以考察项目节约、浪费情况；产出类指标反映项目的产出能力，和投入类指标和过程类指标一起分析可以考察项目的效率，归纳到效率性指标；公共投资项目完成后，投资效果显现，结果类指标主要反映投资效果，但全面衡量效果还要结合前面三类指标，可以将投入类、过程类、产出类和结果类指标归纳到效果性指标中，分析公共投资的效果。

中间指标得出后可以对公共投资进行总体绩效评价。

6.3 引入竞争机制，提高公共投资执行阶段的效率

工程施工阶段是我国公共投资发生效率损失较多的一个阶段。公共投资项目最终是要交给施工企业执行的，政府职能部门和施工企业之间就会存在委托代理关系，产生代理问题。在同施工企业签约前，由于不了解施工企业的信息，政府职能部门可能会选择不合适的企业，出现“逆向选择”问题；同施工企业签约后，施工企业可能发生隐藏行动和信息的“道德风险”。解决逆向选择问题的办法之一是企业主动向政府职能部门展现自身信息（信号传递），比如“工程招投标”，由于我国公共投资的决策权和资金使用权高度集中于政府，企业的“信号传递”却为政府职能部门提供了“寻租”的机会。企业在签约后，可能会在施工活动中通过“道德风险”来消化寻租成本，而职能部门在得到“租金”后，缺乏监督的动力，甚至和施工企业一起隐藏信息，欺骗自己的上一级委托人，因此出现严重的“三超（超投资、超规模、超标准）”现象。

可见，施工过程中的委托代理问题主要源于我国高度集中的投资管理体制，缺乏有效的监督，也缺乏有效的激励约束机制。在我国公共投资中引入市场竞争机制，分散公共投资的决策权和资金使用权，建立激励约束机制，是解决我国政府和企业间代理问题的有效办法。

6.3.1 推行“代建制”项目管理，在公共投资中引入市场机制

政府投资项目的“代建制”管理模式是我国尝试分割公共投资决策权和资金使用权的管理模式，达到了一定的控制“道德风险”的效果。

2004 年 7 月《国务院关于投资体制改革的决定》提出，加强政府投资项目管理，改进建设实施方式。对非经营性政府投资项目加快推行“代建制”，即通过招标等方式，选择专业化的项目管理单位负责建设实施，严格控制项目投资、质量和工期，竣工验收后移交给使用单位。代建制涉及三“个”人——出资人、项目使用人和代建人，项目出资人委托有相应资质的项目代建人对项目的可行性研究、勘察、设计、监理、施工等全过程进行管理，并按照建设项目工期和设计要求完成建设任务，直至项目竣工验收后交付使用人。其核心是将公共投资项目的投资主体、管理主体、使用主体进行适当分离，通过公开竞争机制选择具有专业素质的代建单位，用经济合同以及法律手段来约束代建单位执行代建合同约定的代建任务。

(1) 代建制的实施有利于控制公共投资施工执行阶段的“道德风险”。

第一，代建制可以建立激励约束机制。代建制下，政府（出资人）与代建人是合同关系，政府只能通过合同约束代建人，不能像在传统“自建”模式中以行政权力约束施工单位。代建人的灵活性因此增加，合同中明确代建人可以得到的报酬和奖励，可以激励代

建人更好地管理建设项目。同时，合同也明确了代建人对工程的工期、质量以及使用效果所负的责任。这样通过合同就建立了政府对代建人的激励约束机制。

第二，代建制可以减少施工中的信息不对称。传统的“自建”模式下，投资项目的使用人自己组织部门管理项目施工，由于临时组建的部门并非专业管理人员，对施工中的信息判别能力较差。代建制下，代建机构拥有工程建设专业化的团队，能够有效地处理建设过程中的信息，科学地控制投资、工期、质量，减少施工中的信息不对称风险。

第三，代建制从机制上隔离了项目的决策权和资金使用权，压缩了政府权力的寻租空间。传统的自建模式中政府的行政权力过分地贴近承担建设任务的企业，并直接影响企业的利润，容易产生寻租行为。代建制割裂了政府职能部门和企业的直接关系，代建人向政府职能部门负责，具体施工企业向代建人负责，两种关系均以合同方式确定各方的权利和义务。从而从机制上增加了寻租的难度。

第四，代建制可以发挥市场作用，从微观上提高公共投资效率。代建制实施的实质就是对原来公共投资管理机制进行民间化和市场化的改造，摆脱原有行政权力的羁束，以市场的力量提高项目的实施效率①。比如，代建制采用多道环节的招标采购，使施工环节的竞争充分；代建制要求代建人向政府缴纳一定比例的履约银行保函，从经济上约束了代建人的行为。

（2）代建制在我国的实践及存在的问题。从 1993 年开始，厦门市通过采用招标或直接委托等方式，将一些基础设施和社会公益性的政府投资项目委托给一些有实力的专业公司，由这些公司代替业主对项目实施建设，并在改革中不断对这种方法加以完善，逐步发展成为了现在的项目代建制制度。从 2002 年起，北京市发改委

① 尹贻林、阎孝砚：《政府投资项目代建制理论与实务》，天津大学出版社 2006 年版，第 63 页。

在回龙观医院、残疾人职业培训和体育锻炼中心、疾病预防控制中心等项目中实行了代建制试点，并取得良好效果。随后，深圳、珠海、上海、厦门、重庆、宁波等城市也开始了代建制的试点。2004年，《国务院关于投资体制改革的决定》明确提出代建制后，代建制在我国逐渐推广，“国家发改委投资司司长杨庆蔚在2006年1月‘政府投资项目代建制等建设实施方式改革高层论坛’上透露，在47个省、自治区、直辖市、计划单列市和副省级省会城市中，已有32个开展代建制工作，占68%①”。公共投资项目的代建制管理模式已基本在全国推广。

代建制在我国的实践时间尚短，市场规模也较小，机制设计中应有的作用尚未得到有效发挥。

第一，目前代建制缺乏明确的制度规范。虽然《国务院关于投资体制改革的决定》明确提出了“代建制”，但还没有相关的法律法规出台，对代建程序及相关的权利责任没有明确规定。在实施中，建设各方只能摸着石头过河。投资方一方面需要代建人的服务，另一方面又不愿意真正放权，降低了代建人的作用。

第二，实践中，对代建人的职能定位不明确。代建制中，基本上认为代建人的主要作用是控制使用人的行为，控制投资规模，控制不必要的浪费，所以使公共投资的决策权和资金使用权分开，以对项目使用人形成制约。但实践中，有些代建人与使用人、投资人处于平等地位，可以独立履行职权；也有些代建人处于使用人和投资人的领导之下，无法发挥真正的代建作用。

第三，我国尚未形成规范的代建市场，代建人实力薄弱。由于我国代建制的实践时间尚短，很多代建机构是从原来的建设单位、工程咨询机构、建设监理机构转型过来的，缺乏代建经验。即使这样，代建机构的数量仍然太少、资产规模太小，承担大型公共投资

---

① 孙玉、吕达成：《代建制应首推竞争选择代建单位模式》，载《中国投资》2006年第4期，第114～115页。

代建的能力不足。另外，我国一些代建人是政府的附属机构，其代理行为仍然受到行政权力的影响，而起不到应有的代建作用。

第四，相关的配套措施尚不完善。代建工程考核和监督制度不严格，使代建制中应有的激励约束机制功能不能有效发挥；不存在代建保险制度，也使代建人可能无法真正承担赔付责任，也减少了约束机制作用的发挥。

（3）加强制度建设，才能发挥代建制的激励约束作用。代建制本身具有在公共投资施工环节建立激励约束机制的功能，但因为制度建设的落后，使应有的作用暂时不能发挥。为了在施工执行环节提高公共投资效率，应该加强代建制的相关制度建设。

第一，明确代建人的法律地位。代建人没有明确的法律地位，客观上无法得到各级政府和建设相关管理、备案部门（如规委、建委、环保、消防、质检等方面）的认可。实践操作过程中实际上仍由使用人（即传统上的建设方）出面进行各项手续办理。从法理上讲，代建人承担了合同约定的责任和义务，就应该享有与履行责任相对应的权力，否则合同没有实际意义。所以应尽快出台明确代建人在国家基本建设程序中作为建设方地位的法律性文件。

第二，加强代建人的资质管理。代建人的实力增强才有能力和项目使用人制衡，也才可能在代建人市场上形成竞争，提高效率。通常要求代建人具备以下基本条件[①]：①具有甲级监理单位资质、前期拆迁资质和招标代理资质；②具有一定年限以上工程管理资历；③投资额大的工程项目，对代建人的注册资本也应有较高要求；④主要负责人和技术责任人应由高级职称的在职人员担任；⑤应具有一定数量的专业技术职称的在职人员。

第三，健全评价监督机制。代建制本身具有激励约束的功能，但激励约束的机制需要建立在相关的监督、评价机制健全的基础

① 尹贻林、阎孝砚：《政府投资项目代建制理论与实务》，天津大学出版社2006年版，第105页。

上。通过评价和监督确定代建人的成绩和责任，根据合同规定进行相应的奖惩。健全评价监督机制，需要建立项目听证制度、公共工程施工信息公开制度、项目后评价制度、审计制度等。

6.3.2 公共投资主体多元化，引入竞争机制

竞争是市场机制的核心，是市场经济存在和发展的动力。竞争越充分的地方提供服务的成本越低，质量越好。戴维·奥斯本曾详细分析过把竞争机制注入提供公共服务中的好处："竞争最明显的好处是提高效率，即投入少产出多，竞争迫使（公营的或私营的）垄断组织对顾客的需要做出反应；竞争奖励革新，而垄断扼杀竞争；竞争提高组织雇员的自尊心和士气。哪里有竞争，哪里就会取得较好的结果，增强成本意识，提供优质服务。"

人们自然知道竞争能提高公共投资的效率，但公共物品的非排他性和非竞争性自然地将民间部门排除在外，民间部门也不愿意投资于难以获得回报的公共领域。"新公共管理"运动改变了人们对政府的传统认识，认为政府可以主动在公共投资中引入竞争，以提高自身效率。公共投资主体多元化是在公共领域引入竞争的基本选择。

（1）公共投资主体多元化对提高公共投资效率的作用。

首先，公共投资领域的投资主体多元化使社会公众有了选择不同主体提供的公共物品的机会。公众的选择就是对投资效果的评价，这个评价标准可以纳入对公共投资的绩效评价中，成为对政府投资主体激励约束的指标。这样会迫使政府投资主体更注重公共投资的效果。

其次，投资主体多元化能够使政府投资主体加强对成本的控制。单一投资主体下，没有比较，委托人不知道投资成本是否在合理范围。引入社会投资主体，使委托人能够比较提供公共物品的成本，加强对政府投资主体的监督，减少公共投资中的浪费。

再次，能够加强社会对公共投资的监督。公共投资主体多元化

使社会资本所有者为寻找获利机会而更加关注公共投资领域，而社会资本的介入又使社会资本的所有者——股东、出资人，因关心其资本运用而关注公共投资，无形中加强了社会公众对公共投资的监督。

（2）公共投资主体多元化的理论依据。

第一，政府失灵使单一的政府投资缺乏效率。政府提供公共物品的理由主要是“市场失灵”，因为公共物品具有非排他性和非竞争性，人们存在“搭便车”的心理，市场供应往往收不回成本，政府的介入可以弥补市场的不足。但政府提供公共物品，也会出现“政府失灵”。由于政府的特殊政治地位，其“自利性动机”无法得到有效抑制，同时，高度垄断的公共物品供给行为会破坏资源优化配置的过程，造成交易成本的增多和社会资源的浪费，产生严重的“政府失灵”现象。适当的市场参与，可以有效弥补政府失灵的不足。

第二，公共物品的多样性。公共物品本身是多样的，有些是同时具备非排他性和非竞争性的“纯公共物品”，有些则是具备部分特征的“准公共物品”。一般情况下，市场不愿提供纯公共物品，主要由政府来提供；而准公共物品，因为可以通过收费、设限等方式收回成本，市场是有条件提供的。即使是传统上的纯公共物品，在政府提供引导和明确产权的情况下，也可以引入非政府主体来投资。

第三，政府职能改革，使公共投资主体多元化成为可能。20 世纪 80 年代初，从英国开始掀起了以政府改革为核心的“新公共管理”运动，意图再造政府。传统的政府统治观强调政府是行使国家事务管理与社会服务管理的唯一权力中心。政府应该集中掌握与控制国家社会事务管理的各种资源，并以国家的名义组织各种公共物品与服务的提供和生产。政府再造认为政府的主要责任不再是直接生产、提供公共物品和服务，而是制定与其他社会单元合作生产和提供公共物品及服务的规则并执行规则。随着政府改革运动的发展，出现了“第三部门”①，许多公益性领域开始成为竞争性领域，公共投资领域逐渐出现主体多元化。

（3）我国公共投资主体多元化的投资模式。2004年《国务院关于投资体制改革的决定》明确提出，“放宽社会资本的投资领域，允许社会资本进入法律法规未禁入的基础设施、公用事业及其他行业和领域”。为我国公共投资领域投资主体多元化提供了政策指引。

由于公共投资领域的特点，社会资本直接进入公共投资领域并不容易，借鉴国外经验，我国可以采取下面一些方式引入社会资本。

第一，公共物品采取政府提供、市场生产的模式。转变政府直接生产经营公共物品的单一模式，实现生产形式的多样化。政府应集中精力做好决策、监督、协调和指导等工作，把公共物品具体的生产交给企业和非政府机构去做。可以采用政府与私人企业签订生产合同（自来水供应、垃圾清理、城市交通）、授予经营权、政府参股、经济资助（财政补贴、优惠贷款、减免税收、直接投资）、BOT方式（建设—经营—转让）、BOOT方式（建设—拥有—经营—转让）、BOO方式（建设—拥有—经营）等多种形式。

第二，拓宽公共投资融资渠道。通过建立公共投资基金等形式筹集社会资本进入公共投资领域，一方面可以解决公共投资中财政资金不足的问题；另一方面，社会资本的介入使资本的所有者更加关心公共投资的建设，可以加强社会公众对公共投资的监督，从而利于提高公共投资效率。

第三，直接引入非政府投资主体，允许和鼓励私营企业从事公共领域投资。在一些“准公共物品”领域，非政府投资主体的介入是对有效提供公共物品的重要补充，可以带动和政府部门投资的竞

① Weisbrod（1986）认为，第三部门的出现是市场失灵和政府公共物品供给不足的结果，它被视为一支独立的第三方力量在公共物品提供上实现公平与效率的最优结合，同时也在防范政府与私营部门对公众利益的侵害方面具有重大意义。转引自：周燕、梁樑：《国外公共物品多元化供给研究综述》，载《经济纵横》2006年第2期，第74～76页。

争，也可以提高公共物品提供的质量。比如，在公路、铁路、港口、文教设施等建设中，不但可以吸收地方组织、企业集团的资金，还可以鼓励私人企业在公共物品领域投资。

必须认识到，公共投资主体的多元化存在一定的进入障碍。社会投资主体可能会愿意提供一些准公共物品，但纯公共物品领域的“市场失灵”仍是不可避免的，社会投资主体不会介入没有收益的领域。所以，要引导社会投资主体进入公共投资领域，需要政府的支持。一是要明晰产权，在技术许可的情况下，明确社会投资主体的投资可以享有的权利；二是需要政策扶持。比如在公共基础设施中引入社会资本，民间资本的规模一般较小，不足以投资，需要政府提供融资政策的支持，虽然这样可能会加大政府的成本，但如果能从引入竞争后节省的成本中弥补，也是可行的。

6.4 加强公共投资中的程序建设，保障制度的执行

我国公共投资中存在效率问题的一个重要原因是投资权力过分集中于政府，权力的滥用使政府官员有条件追逐自身利益而不顾委托人的利益，政府权力需要得到控制和制衡。控制政府权力的传统方法是将权力分散给立法机构或社会公众，产生权力制衡，“以权力约束权力”。前文提及的加强公共投资的制度建设，就是在寻找对政府权力的约束。但我国存在有制度却得不到有效实施，有法律得不到有效执行的问题。得不到有效执行，制度再好也不可能发挥作用，所以，提高公共投资效率要加强制度建设，也需要保障制度能够被执行。20世纪中期以后，西方普遍实行的“权力约束权力”也出现了失灵的现象，为了弥补“权力约束权力”的缺陷，人们又寻找到一个制约政府权力的方法——以程序约束权力、以程序保障制度的执行。

6.4.1 以权制权和以程序制权——程序的作用

洛克、孟德斯鸠、戴学、韦德等人的传统法治理论提出分权制

约的思想，他们主张行政权与立法权分开，以权力制约权力。基于这种思想，西方建立了立法权、行政权、司法权相互独立、相互制约的分权制度，并且通过议会授权严格限制政府权力的范围和限度。这种以权制权的控权机制对于防止政府权力的滥用、保障人民的权利和自由起到了非常重要的作用。在 20 世纪以前，社会、经济事务相对简单，政府的管理领域也相对狭窄，法律可以非常明确地规范政府的权力，以权制权可以得到一种平衡。但 20 世纪中期以后，由于市场失灵，凯恩斯主义的兴起，政府对经济、对社会的干预都大大增加，政府运用权力的范围也越来越广，管理的事务越来越复杂。法律不可能对政府要处理的事务都预计到、设想到，只能给政府更大的行使权力的空间。这样，传统的以权制权的机制就出现了漏洞，政府的自由度增大，立法机关难以对其及时有效地制约。

另外，传统的以权制权的控权机制中的司法制度虽然发挥着不可替代的作用，但也存在一定的缺陷：只能对政府违法、失职和滥用权力的行为做事后的监督，虽然也能发挥作用，但毕竟已经发生。所以，需要一种有效的机制能够事前监督，从源头上防止滥用权力的发生，这就是行政程序，“以程序制权”。行政程序是行政主体与行政相对人就特定事项进行交涉的法律框架，目的在于排除行政主体的滥用权力，促使行政主体理性地做出行政决定。在形式上，行政程序具有由法律规则所要求的逻辑结构；在内容上，行政程序体现为行政主体的程序性义务和相对人的程序性权利以及行政主体违反程序规则的法律后果。

建立以程序制约权力的行政程序，可以更好地保障公民权利、提高政府效率、保障制度执行。①

第一，以程序制约权力既可以防范政府权力的滥用，又可以不

① 姜明安：《行政程序：对传统控权机制的超越》，载《行政法学研究》2005 年第 4 期，第 16～21 页。

过于束缚政府行为。在以权制权的机制中，权力机关对政府的主要态度是“防范”。过于严格的防范虽然可以在一定程度上防止政府滥用权力，但也可能限制了政府为社会提供服务的活动，减少了政府的效用。以程序制约权力将制约的重点放在政府对权力的行使过程上，在权力允许的范围内，政府只要遵守公开、公平、公正的行政程序，就可以享有更多的自由裁量权。

第二，以程序制约权力可以提高政府行政效率。因为缺乏有效的激励约束机制，政府部门的官僚作风使工作人员办事拖拉，是行政低效率的主要原因之一。行政程序则约束了政府部门的行为，比如规定了政府部门行使权力的时间要求，在规定时间内没有做出应有的处理，就需要承担一定的法律责任。

第三，行政程序可以促进社会公众参与国家管理和行政行为，保障公民权利。行政程序最重要的特征是社会公众参与：参与立法、参与决策、参与行政，特别是参与与自身利益相关的具体事务。通过参与，可以实现公民对政府权力的直接制约，并且参与的程序设计可以使公民对政府的监督日常化，听证会、论证会制度可以使公民及时纠正政府行政的错误行为，既可以约束政府权力，又直接保障了公民权利。在公共投资中，公众可以通过参与程序直接表达自己的需求偏好。

第四，行政程序可以在事前、事中纠正政府行为的错误，避免行政效率的进一步损失。政府的行政行为必须依照行政程序，不符合行政程序的行为一发生就会被发现，被制止，错误不能发展下去。

第五，行政程序立法可以保障制度的执行。因为相关法律法规不完善，一些政府部门没有执行制度（特别是一些法律级次较低的制度），也不会承担法律责任（如果没人追究，甚至不会承担行政责任）。对行政程序立法后，政府部门没有执行有关制度，就要承担“行政程序法”规定的法律责任，这样可以保障制度的执行。

当然，应该认识到，程序制约权力是对以权制权的补充，可以弥补传统法治的不足，却不能取代权力之间的制衡。程序只是要求行政或执法等行为要按照规定的公开、公正、公平的规则进行，而权力的制衡才真正可以限制政府权力的滥用。

6.4.2 行政程序的内容

（1）行政程序的内容。对政府权力进行程序约束，可以保障公民基本权利，有利于实现社会公正、公平。西方法学和政治学理论认为，法治取决于一定形式的正当过程，正当过程又主要通过程序来体现[①]。行政程序的内容应该能够体现正当、公正、公开、公平的基本原则，要概括到行为的全过程。张树义（2005）认为：行政程序的构成要素包括行为过程的方式、步骤、时限和顺序[②]。对于行政程序包含的具体制度，杨寅（2006）认为可以包括[③]：告知、公开、听证、不单方面接触当事人、听取当事人陈述和申辩、记录和决定、说明理由、时限和时效、顺序、职能分离、回避、参与、救济等。本书参考姜明安的研究，将行政程序的一般制度概括为下面几类[④]：

①申请与受理制度。指有关行政相对人为维护、实现自己或他人的合法权益，或维护社会利益、公共利益，依法向行政主体提出申请，行政主体依据法律决定是否受理的行政程序制度，是特定行政行为的启动程序，是相对人特定权利的保障手段。具体内容应该包括：申请的时间、申请的形式、申请的内容，申请信息的受理、申请信息的审查和决定。

②告知制度。指有关行政主体在实施行政行为的过程中，告知行政相对人相应行政行为的主要内容、理由和根据，相对人参与相应行政行为的权利和途径，以及其对行政行为不服而表示异议和寻

---

① John Rawls, A Theory of Justice, Harvard University Press, (1971), 239.
② 张树义：《行政程序法教程》，中国政法大学出版社 2005 年版，第 6～7 页。
③ 杨寅：《公共服务政府与行政程序构建》，法律出版社 2006 年版，第 4 页。
④ 姜明安：《行政程序研究》，北京大学出版社 2006 年版，第 34～55 页。

求救济的途径、时限等一系列制度。具体包括：事前告知、事中告知、事后告知。

③证据制度。指有关行政主体主动调查、收集能证明行政案件真实情况的证据材料的活动，相对人提交证据材料，行政主体对所有证据材料进行检查、审查等活动的方法、步骤、规则。具体应规定证据的种类、举证责任、证据规则等方面的内容。

④听证制度。是行政程序的一项基本制度，指有关行政主体在制定影响行政相对人合法权益的行政法规、规章、规范性文件、行政政策，以及做出行政处罚决定之前，由行政主体告知相对人拟做出的决定的主要内容、理由、依据、相对人的听证权利，行政相对人据此向行政主体提供证据、发表意见，以及行政主体听取意见、接纳其证据的一系列法律规范所构成的行政程序制度。具体应规定行政决策听证和行政处理听证的相关人员、听证事项和具体程序。

⑤信息公开制度。对与行政主体行使职权有关的一切信息，包括法律、行政法规、行政规定和行政机关的组织、职权、管辖、办公地点、办公时间，以及行政主体实施行政处罚的条件、标准、程序等，都应通过一定途径、形式公开。信息公开有利于公民参与行政管理，行使自己的权利，有利于控制行政权力、防止行政腐败。具体规定应包括信息公开的范围、公开的方式、行政主体如何取得和保管信息、相对人的权力、监督和救济等。

⑥电子政务制度。电子政务是随着信息化技术的发展，能够有效提高工作效率的新的工作方式。目前在中国全面实现电子政务尚不现实，但电子政务提高行政效率的作用和促进政务公开的作用使其成为未来行政程序的重要步骤。具体应该对政府信息上网和网上办公做出要求。

⑦时限、期间、送达与费用制度。时限和期间是指对行政行为的具体时间要求，比如为防止行政主体工作拖拉，规定行政主体行为的时限，要求到时限后，行政主体必须做出回应或默认；对行政相对人做出时限要求，也是鼓励相对人积极参与行政，过期不候。

送达指有关行政主体通过一定方式将行政文书交付行政程序参与人，使其知晓行政文书内容。费用制度指有关因行政程序的进行而直接产生各种费用如何分担的规定。

（2）行政程序与效率。从微观上看，行政程序和效率存在一定的矛盾。一般认为，行政程序严格控制了政府行使权力的行为，使工作程序过于死板，比如，基层工作人员能够看到实现效率的机会，但被行政程序限制而可能失去机会。同时，死板的程序也约束了自由的人格，使工作人员循规蹈矩，限制了工作人员的创新。另外，在行政程序的要求下，一些明显可以省略的程序也必须执行，加大了行政成本。

行政程序对于效率的贡献主要在于保障制度的执行。从宏观上看，社会稳定是经济发展的前提，也是社会公众最大的社会需求。对于提供公共物品的政府来说，所提供的公共物品和服务能够以尽量小的成本最大程度地满足社会公共需求，就是实现了效率。在微观上通过打破程序确实可能实现局部的效率，却会破坏程序、破坏制度的严肃性，如果为了实现效率可以打破程序，为了实现自我利益就也可以打破程序，制度就失去了作用，结果可能是政府无制度可依，需要逐个处理事务，从总体上失去效率，同时也破坏了社会稳定，损害了社会公众的利益。行政程序可以保障实体制度①的执行，即程序制度可以将实体制度中拟定的权利、义务转化为当事人所真实享有的权利和义务，并且可以提供法律保障（当程序制度以法律形式出现，保障实体制度的功能就更强）。另外，当实体制度规定的内容存有错误或不是当时，程序制度可以对其起到矫正不足的作用。

对于微观上客观存在的损失效率，可以在程序设计时考虑尽量避免。“不怀偏见并适当地考虑了受影响的那些人的意见而做出的

① 实体制度是相对于程序制度而言的，程序制度是规范过程的制度，实体制度是规范内容的制度。

决定，将不仅更可接受而且质量也会更高。正义与效率并行不悖，只要法律不过分要求①。"

6.4.3 加强我国公共投资领域的程序建设

(1) 我国行政程序的建设及存在的问题。我国行政程序的法制建设起步较晚，目前尚没有统一的行政程序法，但涉及行政程序的相关法律法规已逐渐建立起来。我国1992年颁布《税收征管法》，确立了税收征管领域的程序机制；1996年《行政处罚法》为行政处罚设定了程序机制；1999年《行政复议法》使行政复议程序机制更加完善，也为行政管理程序的完善提出了更高的要求；同年颁布的《价格法》关于价格听证的程序设置，在实践中产生了广泛的影响；2000年的《立法法》以及2001年的《行政法规制定程序条例》和《规章制定程序条例》，为行政立法程序机制的确立提供了法律依据；2004年的《行政许可法》在有关领域的程序建设方面做出较科学的规定。

我国已在行政程序的法律建设上积累了一些经验，但还存在一些不足。

第一，关于行政程序的立法比较分散，并且具有单行性。许多有关行政程序方面的规范都是分散地规定在各种行政法律、法规和规章之中，尚没有形成较为完整、统一的体系。分散的立法使各种程序规定只在小范围内发挥作用，形成一些相似的行政行为在不同区域、不同领域的规定不一致。

第二，一些行政程序由行政机关自身设定，结果往往是扩大自己的权利，增加相对人的义务。过去，我国有关行政活动程序的立法绝大多数都是由行政机关自身制定的（现在多数立法也往往是由行政机关主持起草的），行政机关立法的出发点，关注的主要是自

---

① 〔英〕威廉·韦德，徐炳等译：《行政法》，中国大百科全书出版社1997年版，第94页。

身利益，所以往往是限制自身权利的少，增加行政相对人义务的多，轻视程序性规定，忽视对行政相对人权益的保护。

第三，行政程序制度的规定不完整。由于我国行政程序立法比较分散，又没有良好的正当程序理念支撑，必然导致有关行政程序一般制度的立法和实践缺乏统一的指导思想，不可能做到全面、综合。所以，我国对行政程序的一般制度的规定缺乏系统性和全面性，有的遗漏了重要的制度安排，有的规定的内容不完整，比如，对于听证制度，我国基本将听证制度局限于针对具体行政行为的做出过程，而忽视了行政规范和政策制定过程的听证要求。

（2）我国公共投资活动中的程序建设。在我国，加强制度建设是提高公共投资效率的重要手段，实体制度是提高公共投资效率的方法，程序制度则是实体制度有效发挥作用的保障。公共投资活动中，程序的公正、公平可以保障公民权利的实现，使社会公众有表达偏好和参与公共投资活动的途径，使公共投资的方向更符合人民群众的需求；程序的完整和严格可以保障公共投资决策和执行的规范，严格按照程序完成投资活动，可以减少公共投资过程中的不确定性，客观上提高公共投资的执行效率。

“程序通过规则而明确，所以它是可以设计的[①]”。加强我国公共投资活动中的程序建设可以考虑两种办法：一是在统一的《行政程序法》的框架下对公共投资的程序进行规范；二是在我国行政程序法尚不能颁布的情况下，专门设置针对公共投资行为的程序规则。

①设立统一的《行政程序法》，在《行政程序法》下规范所有行政活动的程序，包括公共投资行为。如果在我国设立统一的《行政程序法》，对于一般制度的立法模式可能面临两种选择：一是以专章的形式统一规定；二是对不同的行政行为分章节、分别规定。本书认为，比较可行的是选择划分不同的行政行为，分别规定行政

① 季卫东：《法治秩序的建构》，中国政法大学出版社1999年版，第23页。

程序的模式，但对于具有共性的程序做出统一规定。比如，申请与受理制度、告知制度、证据制度、听证制度、信息公开制度、电子政务制度、时限与期间制度、送达制度、费用制度属于具有共性的程序制度，应该统一规定。因为我国有一些法律法规，以及部门的规章制度已经在进行行政程序的规范，有些已经达到了一定效果，取得了一些经验。在统一共性的程序之后，针对不同行政行为分别对其程序做出法律规定，会缩短法律的过渡期，减少执行成本。

对于公共投资行为，需要遵循共性的程序规定，如听证制度、信息公开制度、电子政务制度、时限与期间制度等。另外，根据公共投资行为的特性，还应专门规范社会调查程序、论证程序、评价程序、监理验收程序、行政合同等。

②专门设置针对公共投资行为的程序规则。《行政程序法》在我国尚处于研究阶段，其通过立法并发挥作用还需要一定的时间。专门针对公共投资行为制定法律级次较低一些的“法规”、“部门规章”等，来设置公共投资的程序规则，应该能够更快地在公共投资行为中发挥作用。比如建立“公共投资程序规范”。

我国公共投资行为中的程序问题主要表现为制度不全面，规定不详细，责任不明确。所以，对公共投资的程序规范应该尽可能的全面、详细。考虑到程序的公正、公开、公平原则，本书对我国公共投资的程序规则提出一个设想：

首先要对公共投资程序规范的一般性事项做出说明，主要应包括：规范的行为主体，主要有行政机关、其他行使公共投资行政权力的主体、执行当事人及其他参加人；规范程序的原则，如正当原则、公开原则、公正原则、参与原则、效率原则等；以及违反程序的法律责任。

公共投资程序规范的内容应该包括两方面：一是决策执行阶段；二是绩效评价阶段。决策执行阶段的程序规则可以在公共投资实施过程中保障公民权利，使公共投资更接近社会公共需求，提高投资效率；绩效评价的程序规则可以保障公共投资的激励约束机制的实现，有效解决公共投资中的委托代理问题。具体内容见表6－1和表6－2。

表6－1　　公共投资决策执行阶段的程序规范

	规范的程序	规范的内容
决策阶段	调查程序	调查人、调查范围、调查对象、调查材料、调查报告
	听证程序	主持人、听证人、听证通知方式、听证笔录、听证笔录的约束力
	论证程序	论证对象、论证人的选择、论证材料的提供、论证结果的形成
	审批程序	具体审批内容属于实体制度规范的内容，程序规范可只规范审批的时限和期间要求
	公示程序	对决策的内容公示、公众参与的方式、公示的结果
执行阶段	行政合同	合同签订的当事人、合同的签订方式、合同履行和责任
	资金管理	资金划拨、资金托管、资金使用计划、资金使用进度
	监理验收	未实行代建制的，要规范工程监理过程和验收过程；实行了代建制的，只需要规范对代建人的工程验收过程
	信息公开	执行阶段的当事人、资金管理和投资效果都应该信息公开

表6－2　　公共投资绩效评价阶段的程序规范

	规范的程序	规范的内容
绩效评价阶段	资格审查程序	评估机构的资格要求，资格审查申报、批准
	绩效评价程序	评价的目标、范围，评价的组织、实施方式，评价报告
	评价材料管理	评价材料的搜集、处理规范，评价结果的处理
	信息公开	包括评价人、评价程序、评估信息、评估结果都应公开
	评价结果使用	绩效评价的目的是激励约束，对评价结果的使用就要进行激励约束

参考文献

[1]《马克思恩格斯全集》第46卷（下册），人民出版社1980年版。

[2]〔德〕柯武刚、史漫飞：《制度经济学——社会秩序与公共政策》，商务印书馆2002年版。

[3]〔美〕保罗·萨缪尔森、威廉·诺德豪斯，萧琛译：《宏观经济学》，华夏出版社2001年版。

[4]〔美〕保罗·萨缪尔森、威廉·诺德豪斯：《微观经济学》，人民邮电出版社2003年版。

[5]〔美〕鲍德威、威迪逊，邓力平主译：《公共部门经济学》（第二版），中国人民大学出版社2000年版。

[6]〔美〕丹尼斯·缪勒著，王诚译：《公共选择》，商务印书馆1992年版。

[7]〔美〕道格拉斯·C·诺思：《经济史中的结构与变迁》，上海三联书店1991年版。

[8]〔美〕理查德·A·马斯格雷夫、佩吉·B·马斯格雷夫：《财政理论与实践》（第5版），中国财政经济出版社2003年版。

[9]〔美〕罗伯特·M·索洛：《经济增长因素分析》，商务印书馆1991年版。

[10]〔美〕罗伯特J. 巴罗、哈维尔·萨拉伊马丁：《经济增长》，中国社会科学出版社2000年版。

[11]〔美〕罗杰·弗朗茨：《X效率：理论、论据和应用》，上海译文出版社1993年版。

[12]〔美〕詹姆斯·M·布坎南、戈登·塔洛克:《同意的计算——立宪民主的逻辑基础》,中国社会科学出版社2000年版。

[13]〔美〕詹姆斯·M·布坎南:《自由、市场与国家——80年代的政治经济学》,上海三联书店1989年版。

[14]〔英〕C.V.布朗、P.M.杰克逊,张馨主译:《公共部门经济学》(第四版),中国人民大学出版社2000年版。

[15]〔英〕威廉·韦德,徐炳等译:《行政法》,中国大百科全书出版社1997年版。

[16] R.科斯、A.阿尔钦、D.诺思:《财产权利与制度变迁——产权学派与新制度学派译文集》,上海三联书店、上海人民出版社1994年版。

[17] 鲍德威、威迪逊:《公共部门经济学》(第二版),中国人民大学出版社2000年版。

[18] 彼得·G·萨松、威廉·A·塞哈尔菲:《成本效益分析——一座通向科学决策的桥梁》,知识出版社1991年版。

[19] 财政部财政科学研究所:《热点与对策:2004~2005年度财政研究报告》(上、下),中国财政经济出版社2005年版。

[20] 财政部国际司编:《财政新视角——外国财政管理与改革》,经济科学出版社2003年版。

[21] 蔡定剑:《中国人民代表大会制度》,法律出版社1998年版。

[22] 曹尔阶、李敏新、王国强:《新中国投资史纲》,中国财政经济出版社1992年版。

[23] 陈孟熙主编:《经济学说史教程》,中国人民大学出版社1992年版。

[24] 陈钊:《信息与激励经济学》,上海三联书店、上海人民出版社2006年版。

[25] 大卫·李嘉图,周洁译:《政治经济学及赋税原理》,华夏出版社2005年版。

[26] 方福前:《公共选择理论——政治的经济学》,中国人民大学

出版社 2000 年版。
[27] 高培勇、崔军编著:《公共部门经济学》，中国人民大学出版社 2004 年版。
[28] 河南省水利勘测设计院:(非出版物)《河南省干江河燕山水库可行性研究报告》，2004 年 5 月。
[29] 侯荣华:《中国财政支出效益研究》，中国计划出版社 2001 年版。
[30] 胡税根:《公共部门绩效管理——迎接效能革命的挑战》，浙江大学出版社 2005 年版。
[31] 季卫东:《法治秩序的建构》，中国政法大学出版社 1999 年版。
[32] 姜明安:《行政程序研究》，北京大学出版社 2006 年版。
[33] 杰佛瑞·布伦南、詹姆斯·M·布坎南:《规则的理由——宪政的政治经济学》，中国社会科学出版社 2004 年版。
[34] 凯恩斯，宋韵声译:《就业、利息和货币通论》，华夏出版社 2005 年版。
[35] 科斯、哈特、斯蒂格利茨等:《契约经济学》，经济科学出版社 2003 年版。
[36] 李健:《投资与经济》，中国时代经济出版社 2004 年版。
[37] 李锡奎:《投资通论》，中国财政经济出版社 1994 年版。
[38] 刘玲玲:《公共财政学》，中国发展出版社 2003 年版。
[39] 楼继伟主编:《新中国 50 年财政统计》，经济科学出版社 2000 年版。
[40] 卢现祥:《新制度经济学》，武汉大学出版社 2004 年版。
[41] 马胜杰、夏杰长:《公共经济学》，中国财政经济出版社 2003 年版。
[42] 孟华:《政府绩效评估》，上海人民出版社 2006 年版。
[43] 尼耳斯·约兰·奥尔弗等:《使平衡计分卡发挥效用——平衡战略与控制》，中国人民大学出版社 2004 年版。

[44] 皮罗·克拉玛德雷，翟小波、刘刚译：《程序与民主》，高等教育出版社2005年版。
[45] 全贤唐、张健：《经济博弈分析》，机械工业出版社2003年版。
[46] 萨缪尔森："公共支出的纯理论"，曹荣湘主编：《蒂布特模型》，社会科学文献出版社2004年版。
[47] 萨缪尔森，萧琛译：《宏观经济学》，第16版，华夏出版社1999年版。
[48] 上海财经大学公共政策研究中心：《2006中国财政发展报告》，上海财经大学出版社2006年版。
[49] 上海财经大学课题组：《公共支出评价》，经济科学出版社2006年版。
[50] 孙长清、李晖：《基于经济增长的财政支出最优化》，中国经济出版社2006年版。
[51] 孙哲：《全国人大制度研究》，法律出版社2004年版。
[52] 田江海：《转轨期的中国投资》，经济管理出版社1998年版。
[53] 王延杰：《中国公共经济理论与实践》，中国财政出版社2004年版。
[54] 王耀中：《中国投资体制转型研究——一种中西比较的新视角》，人民出版社2002年版。
[55] 徐曙娜：《公共支出过程中的信息不对称与制度约束》，中国财政经济出版社2005年版。
[56] 许云霄：《公共选择理论》，北京大学出版社2006年版。
[57] 亚当·斯密，谢祖均、孟晋、盛之译：《国富论》，中南大学出版社2003年版。
[58] 亚洲开发银行：《公共支出管理》，经济科学出版社2001年版。
[59] 晏智杰主编：《西方经济学说史教程》，北京大学出版社2002年版。
[60] 杨灿明、李景友编著：《公共部门经济学》，经济科学出版社2003年版。

[61] 杨大楷主编:《中级投资学》，上海财经大学出版社 2004 年版。
[62] 杨文进:《投资经济学》(第二版)，中国财政经济出版社 2004 年版，第 200 ~201 页。
[63] 杨寅:《公共服务政府与行政程序构建》，法律出版社 2006 年版。
[64] 易丹辉:《数据分析与 EViews 应用》，中国统计出版社 2005 年版。
[65] 尹贻林、阎孝砚:《政府投资项目代建制理论与实务》，天津大学出版社 2006 年版。
[66] 于军:《英国地方行政改革研究》，国家行政学院出版社 1999 年版。
[67] 曾培炎:《中国投资建设 50 年》，中国计划出版社 1999 年版。
[68] 张长春:《政府投资的管理体制——总体框架、近期改革重点与促进措施》，中国计划经济出版社 2005 年版。
[69] 张雷宝:《地方政府公共投资效率研究》，中国财政经济出版社 2005 年版。
[70] 张树义:《行政程序法教程》，中国政法大学出版社 2005 年版。
[71] 张维迎:《博弈论与信息经济学》，上海三联书店、上海人民出版社 2003 年版。
[72] 张先治:《经济效益研究》，东北财经大学出版社 1996 年版。
[73] 张晓峒:《计量经济分析》，经济科学出版社 2000 年版。
[74] 张晓峒:《计量经济学基础》，南开大学出版社 2001 年版。
[75] 张跃庆等:《经济百科辞典》，中国工人出版社 1989 年版。
[76] 章剑生:《行政程序法》，法律出版社 2003 年版。
[77] 赵志耘:《财政支出经济分析》，中国财政经济出版社 2002 年版。
[78] 郑瀛川:《绩效评估兵法》，厦门大学出版社 2006 年版。
[79] 卓越:《政府绩效管理导论》，清华大学出版社 2006 年版。
[80] “我国推行财政支出绩效考评研究”课题组:《我国推行财政

支出绩效考评研究》，载《经济研究参考》2006 年第 29 期。
[81]〔美〕D. 诺思：《制度变迁理论纲要》，载《改革》，1995 年第 3 期，第 52～56 页。
[82] V. W. 拉坦：《诱致性制度变迁理论》，R. 科斯、A. 阿尔钦、D. 诺思：《财产权利与制度变迁——产权学派与新制度学派译文集》，上海三联书店、上海人民出版社 1994 年版。
[83] 安秀梅：《政府公共支出管理中的绩效考评研究》，载《当代财经》2005 年第 4 期。
[84] 陈旭东：《公共选择理论与中国公共财政》，载《理论学刊》2005 年第 7 期。
[85] 陈学安：《建立我国财政支出绩效评价体系研究》，载《财政研究》2004 年第 8 期。
[86] 丛树海、周炜、于宁：《公共支出绩效评价指标体系的构建》，载《财贸经济》2005 年第 3 期。
[87] 邓子基：《公共财政与和谐社会》，载《厦门大学学报（哲学社会科学版）》2005 年第 6 期。
[88] 董岩、张萌：《中外信息公开情况综述》，载《人民日报》2005 年 4 月 13 日。
[89] 郭庆旺、贾俊雪：《基础设施投资的经济增长效应》，载《经济理论与经济管理》2006 年第 3 期。
[90] 郭庆旺、吕冰洋、张德勇：《财政支出结构与经济增长》，载《经济理论与经济管理》2003 年第 11 期。
[91] 郭庆旺、赵志耘、贾俊雪："财政投资的经济增长效益"，郭庆旺：《公共经济学评论》，中国财政经济出版社 2005 年版。
[92] 郭玉琴：《完善公民公共需求是建设和谐社会的重要保障》，载《郑州大学学报（哲学社会科学版）》2006 年第 4 期。
[93] 国涓、陈蜀豫：《中国财政支出结构优化与经济增长关系的实证分析》，载《大连海事大学学报（社会科学版）》2006 年第 9 期。

[94] 韩立岩、王哲兵：《我国实体经济资本配置效率与行业差异》，载《经济研究》2005 年第 1 期。

[95] 李晋煤：（非出版物）《财政监督改革：理论分析与制度设计》，博士论文，2004 年。

[96] 李森、张宝清：《政府公共投资效率分析》，载《山东行政学院山东省经济管理干部学院学报》2006 年第 2 期。

[97] 李志萍、白林：《我国政府信息公开存在的问题及对策分析》，载《理论与改革》2006 年第 1 期。

[98] 林毅夫：《关于制度变迁的经济学理论：诱致性制度变迁与强制性制度变迁》，R. 科斯、A. 阿尔钦、D. 诺思：《财产权利与制度变迁——产权学派与新制度学派译文集》，上海三联书店、上海人民出版社 1994 年版。

[99] 刘国亮：《政府公共投资与经济增长》，载《改革》2002 年第 4 期。

[100] 刘国贤：《我国财政公共选择的约束因素分析》，载《地方财政研究》2006 年第 3 期。

[101] 刘和旺：《诺思制度变迁的路径依赖理论新发展》，载《经济评论》2006 年第 2 期。

[102] 刘有贵、蒋年云：《委托代理理论述评》，载《学术界》2006 年第 1 期。

[103] 刘卓珺、于长革：《公共投资的经济效应及其最优规模分析》，载《经济科学》2006 年第 1 期。

[104] 娄洪：《长期经济增长中的公共投资政策——包含一般拥挤性公共基础设施资本存量的动态经济增长模型》，载《经济研究》2004 年第 3 期。

[105] 马蔡琛、童晓晴：《公共支出绩效管理的国际比较与借鉴》，载《广东社会科学》2006 年第 2 期。

[106] 马国贤：《政府绩效管理原理研究》，载《扬州大学税务学院学报》2005 年第 6 期。

[107] 马洪范、张志泳:《我国财政支出绩效评价的意义、方法与改革方向》，载《经济研究参考》2005 年第 19 期。

[108] 马树才、孙长清:《经济增长与最优财政支出规模研究》，载《统计研究》2005 年第 1 期。

[109] 马拴友:《政府规模与经济增长：兼论中国财政的最优规模》，载《世界经济》2000 年第 11 期。

[110] 马拴友:《中国公共资本与私人部门经济增长的实证分析》，载《经济科学》2000 年第 6 期。

[111] 马媛、吴士健、张建玲:《公共物品供给渠道多元化分析》，载《特区经济》2006 年第 9 期。

[112] 孟建民:《建立科学的财政支出效益评价体系，有效推进财政支出的深入改革》，申书海:《财政支出效益评价》，中国财政经济出版社 2002 年版。

[113] 缪仕国、马军伟:《公共资本对经济增长的影响效应研究》，载《经济学家》2006 年第 2 期。

[114] 施雪华、孔凡义:《代议民主的制度规则与中国全国人民代表大会制度的改革和完善》，载《理论月刊》2006 年第 9 期。

[115] 孙群力:《公共投资、政府消费与经济增长的协整分析》，载《中南财经政法大学学报》2005 年第 3 期。

[116] 孙玉、吕达成:《代建制应首推竞争选择代建单位模式》，载《中国投资》2006 年第 4 期。

[117] 谭翔浔:《政府公共投资决策与成本效益分析》，载《云南社会科学》2004 年第 5 期。

[118] 王留栓:《韩国高等教育、职业教育与经济同步发展的举措》，载《世界教育信息》2003 年第 5 期。

[119] 王小芳、管锡展:《多委托人代理关系——共同代理理论研究及其最新进展》，载《外国经济与管理》2004 年第 10 期。

[120] 王小利:《我国 GDP 长期增长中公共支出效应的实证分析》，载《财经研究》2005 年第 4 期。

[121] 吴国权、杨义群:《通货紧缩时期国债的公共资本供给实效评估》,载《财经科学》2003 年第 2 期。
[122] 吴建利:《中国行政效率的公共选择理论分析》,载《辽宁工程技术大学学报(社会科学版)》2006 年第 2 期。
[123] 吴敬琏:《增长模式与技术进步——我国的工业化增长模式演变和存在的问题》,载《决策咨询通讯》2006 年第 2 期。
[124] 夏立明、朱俊文、李丽红:《政府投资项目投资决策程序研究》,载《天津理工大学学报》2005 年第 4 期。
[125] 谢升峰:《公共投资腐败:经济效应、制度探源与治理》,载《国家行政学院学报》2006 年第 1 期。
[126] 徐辉:《试论公共决策的公众参与》,载《江西行政学院学报》2006 年第 2 期。
[127] 杨瑞龙:《我国制度变迁方式转换的三阶段论——兼论地方政府的制度创新行为》,载《经济研究》1998 年第 1 期。
[128] 杨瑞龙:《制度变迁方式的转换与我国投融资体制的演变(续)》,载《教学与研究》1998 年第 11 期。
[129] 杨志:《我国公民参与公共政策的现状及其路径选择》,载《理论学刊》2006 年第 7 期。
[130] 岳正坤、王高:《我国资本市场配置效率探析》,载《中南财经政法大学学报》2006 年第 3 期。
[131] 曾娟红、赵福军:《促进我国经济增长的最优财政支出结构研究》,载《中南财经政法大学学报》2005 年第 4 期。
[132] 张明喜、陈志勇:《促进我国经济增长的最优财政支出规模研究》,载《财贸经济》2005 年第 10 期。
[133] 张晓红:《构建公共支出绩效评价体系的理性思考》,载《北方经贸》2006 年第 4 期。
[134] 张中华:《论我国财政投资的效率及其制约因素》,载《中南财经政法大学学报》2002 年第 2 期。
[135] 张中华、谢升峰:《我国财政投资效率评价》,载《财政经

济评论》2003 年第 1 期。

[136] 赵复元:《我国政府投资项目管理体制改革综述》,载《经济研究参考》2004 年第 55 期。

[137] 周燕、梁樑:《国外公共物品多元化供给研究综述》,载《经济纵横》2006 年第 2 期。

[138] 朱志刚:《努力做好新时期财政投资评审工作》,财政部网站,http://www.mof.gov.cn/index.htm。

[139] Etsuro Shioji, "Public Capital and Economic Growth: A Convergence Approach", *Journal of Economic Growth*, 6, 2001, 205 - 227.

[140] Aschauer D. A., "Is Government Spending Productive?", *Journal of Monetary Economics*, 23, 1989, 177 - 200.

[141] Easterly W. and Rebelo S., "Fiscal Policy and Economic Growth: An Empirical Investigation", *Journal of Monetary Economics*, 1993, 417 - 458.

[142] Cazzavillan G., "Public Capital and Economic Growth in Europe Countries: A panel data approach", *Working Paper*, 11, 1993, 93 (University of Venice, Venice).

[143] Pereira A. M., "Is All Public Capital Created Equal?", *The Review of Economics and Statistics*, 3, 2000, 513 - 518.

[144] Barro R. J., "Economic Growth in a Cross Section of Countries", *Quarterly Journal of Economics*, 2, 1991, 407 - 443.

[145] Koichi Futagami, "Dynamic Analysis of Endogenous Growth with Public Capital", *The Scandinavian Journal of Economics*, 4, 1993, 607 - 625.

[146] Jeffrey Wurgler, "Financial Market and the Allocation of Capital", *Journal of Financial Economics*, 58, 2000, 187 - 214.

[147] W. A. Jr Niskanen, *Bureaucracy and Representative Government*, Chicago, Aldine-Atherton, 1971, chapters 18 - 20.

[148] Albert Breton, *Competitive government: an economic theory of politics and public finance*, Cambridge University Press, 1996.

[149] William A. Niskanen, *Bureaucracy and Representative Government*, Chicago: Aldine-Atherton, Inc., 1971, 38.

[150] William A. Niskanen, "Bureaucrats and Politicians", *Journal of Law and Economics*, December, 1975, 18.

[151] John Rawls, *A Theory of Justice*, Harvard University Press, 1971.

[152] Pan A. Yotopoulos, Lawrence J. Lau, "A Test for Relative Economic Efficiency: Some Further Results", *The American Economic Review*, Vol. 63, No. 1. (Mar., 1973), 214-223.

[153] David F. Burgess, "Complementarity and the Discount Rate for Public Investment", *The Quarterly Journal of Economics*, Vol. 103, No. 3. (Aug., 1988), 527-541.

[154] Alfredo M. Pereira, "Is All Public Capital Created Equal?", *The Review of Economics and Statistics*, Vol. 82, No. 3. (Aug., 2000), 513-518.

[155] Eric A. Hanushek, "Measuring Investment in Education", *The Journal of Economic Perspectives*, Vol. 10, No. 4. (Autumn, 1996), 9-30.

[156] L. C. Hawkins, "Measurements of Efficiency", *Oxford Economic Papers*, New Series, Vol. 2, No. 1. (Jan., 1950), 30-50.

[157] Finn R. Forsund, Lennart Hjalmarsson, "On the Measurement of Productive Efficiency", *The Swedish Journal of Economics*, Vol. 76, No. 2. (Jun., 1974), 141-154.

[158] Bram Sorber, "Performance Measurement in the Central Government Departments of the Netherlands", *Public Productivity & Management Review*, Vol. 17, No. 1. (Autumn, 1993), 59-68.

[159] Evan Berman, XiaoHu Wang, "Performance Measurement in U.S. Counties: Capacity for Reform", *Public Administration*

Review, Vol. 60, No. 5. (Sep. -Oct., 2000), 409 – 420.

[160] Morris A. Copeland, "Public Investment in the United States", *The American Economic Review*, Vol. 29, No. 1, Supplement, Papers and Proceedings of the Fifty-first Annual Meeting of the American Economic Association. (Mar., 1939), 33 – 41.

[161] Teresa Garcia-Mila, Therese J. McGuire, Robert H. Porter, "The Effect of Public Capital in State-Level Production Functions Reconsidered", *The Review of Economics and Statistics*, Vol. 78, No. 1. (Feb., 1996), 177 – 180.

[162] Donald F. Kettl, "The Global Revolution in Public Management: Driving Themes, Missing Links", *Journal of Policy Analysis and Management*, Vol. 16, No. 3, Special Issue: The New Public Management in New Zealand and beyond. (Summer, 1997), 446 – 462.

[163] Donald Wellington, "Uncertainty and the Evaluation of Public Investment Decisions: Comment", *The American Economic Review*, Vol. 62, No. 1/2. (1972), 170.

后记

时光如逝，转眼间，三年的博士学习就结束了，回首这近三年的学习和生活，感慨万千。我觉得自己很幸运，有幸能进入心往的人民大学、有幸能近距离接触权威的教授、有幸能结识那么多优秀的同学。

人民大学是我高中时代就有的梦想，可惜那时没能实现。2004年进入人民大学攻读博士学位，使我终于有机会走进人大的课堂，聆听名师的教诲，感受浓厚的学术氛围。“人民、人本、人文；大师、大楼、大气”是我这个经历了多所高校的学生感受更深的办学理念。人民大学提供了一个高平台，使学生有机会目睹诺贝尔学者的风采，有条件同政府高官探讨政策方针，有渠道同知名学者进行学术研讨，能够实现全国范围的学术交流。远有吴玉章、成仿吾，近有袁宝华、黄达等大师级学者，他们是人大的大师，是人大的灵魂，是人大的凝聚力。有了大师，于是有了大气，于是乎学生都有了宽大的胸怀。在人民大学学习的三年是我收获最大的三年，也将是我人生中最重要的三年，我很幸运。

成为安体富老师的学生是我的又一幸运。初识安老师是在20世纪90年代末安老师到我工作单位的一次座谈会上，我被安老师的渊博和和蔼所折服，立志要向安老师学习，2004年终于有幸成为安门弟子，进入人大的殿堂。安老师是我学术的领路人，也是指引我前进的一盏明灯。安老师踏实的为人和严谨的治学对我影响尤其大。一入校，安老师就找我们四个新生谈话，要求我们首先是踏实做人，然后才是严谨治学，安老师也正是这样以身作则地影响着我们。在确定我的博士论文题目时，安老师听取我的意见，结合我的特点，指导我确定了研究公共投资效率的选题，并帮我分析研究中可能面临的困难，解决的途径。在我列出论文大纲后，安老师又仔细帮我推敲文章结构。写作中，安老师认真负责，给我指出问题，帮我理清思路，甚至帮我改正错别字，在安老师的辛勤指导下，我的论文几易其稿，终于成形。我完成的博士论文与安老师辛勤的耕耘是分不开的，感谢安老师。当然，我还有幸得到财政金融学院其他老师的帮助，感谢开题过程中朱青教授、岳树民教授的指导，感谢写作过程中郭庆旺教授的影响，感谢姬冰老师提供的便利，感谢财金学院的所有老师。

同学是我生活中的朋友、学习中的伙伴，2004级财政博士班是一个团结积极的集体，置身于这样一个优秀的集体中是我的幸运。三年来，同门的禹奎博士、樊勇博士、刘虎林博士给我的生活和学习提供了大量的帮助；同宿舍的肖建华博士用勤奋的工作态度影响着我，也带动着我；平时常在一起的马进博士、李峰博士、王敬峰博士、郭东博士、张波博士、李剑波博士、张曼博士、薛薇博士、刘志芳博士、彭启蕾博士，常在校外的刘锋博士、夏智灵博士、李明博士、刘学之博士、聂鸿杰博士、董志超博士、李志杰博士、刘志刚博士、李曼博士、孙红梅博士、刘霞博士等都是我的良师益友，同他们的讨论激发了我的学术灵感，与他们共处带给我三年的快乐，感谢我的同学们。还要感谢师兄王海勇博士、王剑锋博士、井明博士在博士论文写作期间给我的帮助。

还要感谢我的家人，我的读博与家人的支持是分不开的。父母是我上学读书的一贯支持者，正是他们的辛苦培育才有我现在的博士学习；大哥殷明是我背后无私的支持者，从我的小学到大学，再到博士学习，大哥一直在精神上鼓励我，在物质上奖励我，给我提供了无微不至的帮助；二哥和姐姐也经常打电话鼓励我、关心我，使我的三年博士学习并不孤独。要感谢我的爱人张小明，2005年1月，在我的博士学习期间，女儿殷依凡出生了，女儿的出生带给了我们无限的乐趣，也使我留下一些遗憾。因为学习，我不能常在女儿身边，带孩子的重担就压在了张小明一个人的肩上，最辛苦的两年是她和我岳母承担的，感谢她们默默的支持。也要感谢我的女儿殷依凡，在我写论文比较辛苦的期间，是她用稚嫩、尚不清晰的语言驱走了我的疲劳。

感谢所有关心我、支持我的人们！

本书的出版得到了安老师和韩霖师姐的大力支持，再次感谢！

殷　强

2007年5月于人大品园

责任编辑：吕　萍　于　源
责任校对：徐领柱
版式设计：代小卫
技术编辑：邱　天

中国公共投资效率研究
殷　强　著
经济科学出版社出版、发行　新华书店经销
社址：北京市海淀区阜成路甲 28 号　邮编：100036
总编室电话：88191217　发行部电话：88191540
网址：www.esp.com.cn
电子邮件：esp@esp.com.cn
北京汉德鼎印刷有限公司印刷
德利装订厂装订
880×1230　32 开　7.5 印张　200000 字
2008 年 1 月第一版　2008 年 1 月第一次印刷
印数：0001—2000 册
ISBN 978-7-5058-6833-5/F·6086　定价：15.00 元
（图书出现印装问题，本社负责调换）